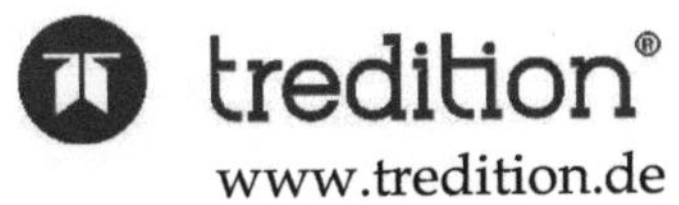

Roland Schunke

Sonnenuntergang

Oder die Suche nach Heimat

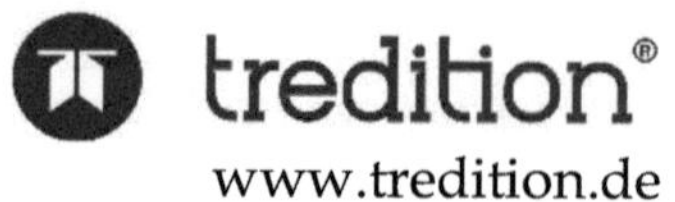

www.tredition.de

Verlag: tredition GmbH, Hamburg

ISBN
Paperback: 978-3-7345-4556-6
Hardcover: 978-3-7345-4557-3
e-Book: 978-3-7345-4558-0

Printed in Germany

SONNENUNTERGANG oder die Suche nach Heimat

Peter

Er war für uns alle im Dorf schon immer ein alter Mann und bewohnte in meinen Kindertagen ein kleines an den Wald angrenzendes Haus. Sein Sohn, der in einem Nachbarort lebte, versorgte ihn mit den notwendigsten Lebensmitteln, mit Tabak für seine Pfeife und Wein aus den Nachbarorten. Da sich unser Haus auf der gegenüberliegenden Straßenseite befand und auch meine Brüder zu ihrer Kinderzeit sich bei ihm aufhielten, Hilfsarbeiten im Garten verrichteten, Holz hackten oder im Sommer die ans Haus angrenzende Wiese mähten, um das Gras nach Trocknung zur Winterfütterung für Hasen und Ziegen nach Hause zu transportieren, ergab es sich folgerichtig, dass auch ich mich bei jenem alten Herrn wie zu Hause fühlte. Seine Frau starb vor langer Zeit. Aus diesem Grund hatte er das Erdgeschoss an einen Rentner vermietet und das

Obergeschoss für sich eingerichtet: Eine kleine Küche, ein Schlafzimmer, ein Bad, heute würde man dies als Waschgelegenheit bezeichnen, ein Wohnzimmer. In der Sprache der Einwohner jener Tage hätte man hierzu die „guud Stubb" gesagt, die nur zu besonderen Anlässen wie Ostern, Weihnachten, Konfirmation oder sonstigen häuslichen Feiern Familienmitgliedern und Gästen geöffnet wurde. Gelebt wurde ausschließlich in der Küche. Hier empfing man Besuch, trank Schnaps, Bier und Wein, rauchte, stritt, kochte, as. Auch während des Winters hielt man sich gerne an jenem Ort auf: Es war der einzige beheizte Raum.

Im Wohnzimmer jenes alten Herrn stand auch ein „Schesselong". Ein Möbelstück, dessen Name dem französischen Wort Chaisselongue entsprach, was frei übersetzt ‚langer Stuhl' heißt, in Wahrheit aber eine Art Sofa darstellte, diente dem Alten als mittägliche Ruhestätte. Ein solches stand auch in unserer Küche. Meinem Vater diente es nach dem Mittagessen zur kurzen Entspannung für ein ‚Nickerchen'. Hier lag er gerne, behütet von unserer Hauskatze „Pit". Ein nicht überhörbares Vergnügen, denn Vater und Kater schnarchten unisono.

Der Austausch jenes Sofas durch eine moderne Eckbank veränderte das mittägliche Schlafverhalten: Zu kurz, zu schmal, zu hart.

Jene Tage erscheinen mir heute als meine Persönlichkeit prägend. Ich mag zehn oder elf Jahre alt gewesen sein, als es mir gestattet war, in den Ferien mit dem Alten und einem gleichaltrigen Rentner, der ebenfalls in unserer Straße wohnte, zu Arbeiten im nahe gelegenen Wald zu dürfen. Meine Mutter richtete mir einen kleinen Rucksack, einen Tornister mit hellbraunem Fell, der aus meines Vaters Militärzeiten stammte. Eine Feldflasche aus Aluminium, Butterbrot und Apfel füllten ihn. So marschierte ich stolz mit den beiden Waldarbeitern in den Soonwald. Zu ihren Aufgaben gehörte im Sommer das Ausforsten von Waldabschnitten, die zum Jagdrevier des Pächters gehörten. Mir oblag es, das geschnittene Zweigwerk auf einem Haufen zusammenzutragen, eine Arbeit, die ich mit großem Eifer und zur Zufriedenheit erledigte. Als Belohnung durfte ich nach getaner Arbeit mit den Alten, auf einem großen Baumstamm sitzend, Butterbrot, Apfel und das mitgebrachte Getränk genießen. „Was hast Du in Deiner Flasche?", fragte Peter. „Tee."   „Tee? Das trinkt man doch nur, wenn man krank ist. Hier, probier mal was Richtiges." Dabei bot er mir seine Feldflasche an. Nach dem ersten Schluck spie ich unter schallendem Gelächter der Gefährten aus. Das Getränk trug den Namen ‚Bierefiez', ein aus Birnen und Äpfeln selbst gekelterter Wein .Dieser Begriff muss wie folgt erklärt werden: Die Frucht Birne wurde umgangssprachlich als ‚Bier' bezeichnet und das Wort ‚Fiez" könnte dem Begriff Fusel für qualitativ schlechten Schnaps entlehnt sein. Was auch immer zur Namensgebung Pate stand: Es roch nach Wein, schmeckte sauer und belegte die Zunge mit Pelz. In jenem Alter verstand ich nicht, dass ein derartiges Gebräu trinkbar sein sollte, obwohl alle Bauern im Herbst Äpfel und Birnen zur Weingewinnung für den häuslichen Bedarf zermalten und den nach der Pressung gewonnenen Saft in Holzfässern, die zuvor mit übel riechenden Schwefelstäben keimfrei geräuchert wur-

den, gären ließen. In späteren Jahren entfalte-
te dieser ‚Apfelwein‘ ein ums andere Mal auch
bei mir seine segensreiche Wirkung.

-Unser Waldfrühstück sollte noch zu einem besonderen Erlebnis werden. Peter schnitt mit
seinem Jagdmesser ein Stück Rauchfleisch ab und
reichte es mir mit einem Stück frischen Bauern-
brots. Dann entnahm er seiner Arbeitsweste ein
kleines Taschenmesser, streckte es mir entgegen
und fügte kurz und trocken hinzu: „Damit Du ein
richtiger Waldarbeiter wirst.“ Ein eigenes Taschenmesser! Die Beiden grinsten verschmitzt.
Meinen verbalen Dank, „Ist das für mich?“, kom-
mentierte Peter mit einem fast unhörbaren „Ja,
nimm es.“ Mehr erfreuten sie sich wohl an meinem strahlenden Gesicht. Umgehend klappte ich
das Messer auf und schnitt wie ein ‚Alter‘ Stü-
cke von Brot und Dörrfleisch. Lange Zeit verbarg ich dieses Kleinod mit höchster Aufmerk-
samkeit und benutzte es während meiner Kindheit
für allerlei Knabenverrichtungen.

Der Herbst nahte mit den jährlichen Treibjagden
auf Hasen und Fasanen. Peter teilte mich zu

seinem Helfer beim Treiben ein. Tage vor dem großen Ereignis suchte ich, wie er mir aufgetragen hatte, einen alten Topf, um bei der Treibjagd für Angst einflößenden Lärm zu sorgen. Das Behältnis fand ich schnell: Im Stall, wusste ich, bewahrte meine Mutter einen großen, alten Aluminiumtopf auf, in dem sie Kartoffeln für unsere Hasen kochte. Mit einem aus der Küche geborgten Kochlöffel lief ich um unser Haus und jagte unseren Katzen und Hühnern mit blechernem Trommeln einen ordentlichen Schrecken ein, bis meine Mutter mir mit deutlichen Worten Einhalt gebot. „Hör endlich mit dem Unfug auf, Du machst ja die Tiere verrückt." Diese Maßregelung kam zur rechten Zeit, plante ich doch nach der Ouvertüre als Generalprobe unsere in den Ställen befindlichen Stallhasen in unseren Vorgarten mit Hecken und Sträuchern zu setzen, um die moralische Wirkung des von mir erzeugten Lärms zu testen.

In den Nächten vor dem großen Ereignis wuchsen in meinen Träumen vielfältige Ablaufszenarien. Wo würde ich stehen? Würde man zufrieden sein mit Kampfgebrüll und Trommelschlag? Meine von mir aufgeschreckten Karnickel würden die Größten sein, die durch mein Rufen in die Höhe und zur Flucht aus dem Dickicht getriebenen Fasanen würden wie Gold vor des Jägers Flinte mit ihren Flügeln um Gnade flattern. Am Abend würde man mich als Helden ehren, mit einer Stola aus silberfarbenem Hasenfell über der Schulter und Fasanenfedern im Haar, in der Sonne würde man mich bewundern, den einzigen, den wahren Jagdhelfer.

Ein irdisches, wenig Helden huldigendes Rufen, zerschlug meine Träume. „Aufstehen", rief meine Mutter, „sonst kommst Du zu spät." Zum Frühstück gab es Haferflocken mit Blockschokoladenraspeln, übergossen mit heißer Milch und ein mit Butter belegtes Bauernbrot. Anstelle des großen Kartoffeltopfes reichte sie mir eine kleine Stielkasserolle und meinte: „Der ist nicht so schwer und Du kannst ihn besser festhalten." Die Größe des Topfes sollte nicht entscheidend sein, dachte ich, der Treiber und dessen ohrenbetäubendes Hämmern entscheiden die Schlacht.

Peter wartete bereits mit weiteren Helfern auf mein Kommen. Ein Bauer brachte uns auf einem an seinem Pferdefuhrwerk angehängten Leiterwagen zur Jagdhütte inmitten des belaubten Waldes. Hier wurde mein in der Nacht ersonnenes Heldenepos auf wenige Worte reduziert. Weit mehr als dreißig Helfer standen bereits in mehreren Gruppen zusammen und beratschlagten sich murmelnd im Morgennebel. Streng waren sie getrennt, die Truppenteile. Jäger in grünen Röcken mit Hüten und Flinten, manche mit Hunden, postierten sich direkt vor dem Jagdhaus, die Hornbläser links, ihre Mundstücke mit den Händen wärmend, die Treiber, also auch ich, rechts, in ehrfürchtiger, einem Helfer der Obrigkeit gerade noch zustehenden Nähe. Plötzlich, ohne vorherige Ankündigung, verstummten die Wortfetzen. Der Jagdherr, der Pächter, trat mit prächtiger Uniform aus seiner Hütte, begab sich auf eine kleine Anhöhe, um seine Befehle mit brusttiefem Ton, einem Führer gleich, mit fester Stimme und weit ausholenden Gesten der Gefolgschaft zu erteilen. Die Jäger wurden einem Jagdführer zugeordnet, wir Treiber erhielten einen Rottenführer. Nur die Bläser blieben unangesprochen. Hier begleitete der Dirigent als musikalischer Leiter eine Führungsrolle, ausbildungs- und nicht befehlsbedingt. Auf sein

Zeichen intonierten neun Musiker eine Fanfare. Peter erklärte mir gerührt: „Das ist die Begrüßung." Nach dem Verklingen des letzten Tones und anschließender Beratung der Offiziersriege erhielt jede Gruppe die ihr zugedachten Anweisungen. Den Jägern, mutmaßte ich, wird wohl die ideale Abschusslinie zugewiesen worden sein. Ungeordnet schien mir die Gefahr von Verletzungen anderer Jagdteilnehmer auch zu groß. Wir erhielten unseren Marsch- und Einsatzplan von einem, Peter wohl bekannten, älteren Bauern aus unserem Dorf. Unsere Aufgabe lautete, auf leisen Sohlen einen Richtweg einzunehmen, der an das zu bejagende Revier angrenzte. In Abständen von jeweils zwanzig Metern sollten wir uns postieren. Sie nannten es ‚eine Reihe bilden'. Peter sagte leise zu mir: „Du bleibst neben mir." Ich erwiderte: „Aber wir sollen doch zwanzig Meter Abstand halten". „Nein", fügte er ruhig hinzu. „Das gilt für die anderen. Du bleibst neben mir." Er sorgte sich. Nachdem alles besprochen war, spielte die Jagdhorngruppe erneut auf. Da sich alle in Bewegung setzten, fragte ich Peter: „Geht es jetzt los?" „Ja", gab er mir zur Antwort, „die Bläser haben ‚Aufbruch zur Jagd' gespielt." Leise, aber dennoch zügig nahmen wir den von uns einzunehmenden Weg in Angriff. „Die Jäger werden ein Gleiches tun", dachte ich. „Sie werden ihren Schießplatz in Beschlag nehmen." Nach einem weiteren Musikstück begann das Treiben. Während wir auf unseren Töpfen und Eimern mit Holzknüppeln trommelten, bewegten wir uns im Gleichschritt langsam in den Wald. Manche schrien ‚Hurra' oder ‚Schrie-schrie', schlugen mit dicken Knüppeln gegen Bäume oder am Boden liegende, hohl klingende Stämme. Aufschreie aus allen Richtungen vernahm ich. „Da läuft einer. Ha, wie der zickzack flitzt. Der weiß, dass es vorbei ist." Fasanen und andere Waldvögel flatterten wild, ohne Rücksicht auf Büsche und Äste durch das Unterholz, dem vermeintlichen freien Himmel entgegen. Erste Schüsse fielen, vereinigten sich zu Salven. Hunde bellten und Pulver lag in der Luft. Schwer atmend und schweißbedeckt verrichteten wir unsere Arbeit. Die Schlachtgeräusche, das Schrotpatronenfeuer, das Gekläff der Hunde und unser Kampfgeschrei dauerte eine Stunde. Erneut setzte die Musik ein. Peter erklärte mir, dass dies das Signal zum Sammeln wäre. Dabei sah er mir ins Gesicht und meinte: „Du bist ja verletzt. Du blutest am Kinn. Was ist passiert?" „Ich weiß nicht, vielleicht ein Ast." Während unserer Treiberei hatte ich nicht bemerkt, dass ich mich verletzt hatte. Am nächsten Morgen jedoch schmerzte meine mit Blut unterlaufene Lippe.

Ein einsames Signal beendete unser Gespräch. „Hase tot.", erklärte mir Peter. Und wenig später, wir waren fast am Ausgangspunkt angelangt, bliesen alle Jagdhörner ‚Jagd vorbei'. Schulter klopfen und Jägerlatein. Am Boden zu ihrer Herren Füße lagen müde hechelnde Hunde. Manche, meinte ich, schauten sich blinzelnd an, als ob auch sie sich für die gelungene Jagd gratulierten. Wein und Schmalzbrote wurden gereicht von bis zu jenem Zeitpunkt nicht bemerkten beschürzten Jägerfrauen. Frauen jagten damals nicht, sie bewunderten Helden und versorgten ‚uns'. Gezeichnet von der für mich heroischen Wildtreiberei verabschiedete sich der Morgen wenig heldenhaft. Jäger und Jagdhelfer legten stolz Hasen und Fasane, Kopfteile gleichgerichtet, vor ihren Füßen nieder. Da lagen sie nun, die von mir Gehetzten, blutend, zerbissen und zerfetzt von Schrotkugeln. Den nächtlichen Knabenträumen entrissen bot sich mir ein schauerliches Bild. Um mehr als vierzig Häschen und fast ebenso viele einmal in den Lüften kreisende Vögel trauerte ich. Es sollte mein einziges Jagderlebnis bleiben und die Bilder der toten Tiere verfolgten mich.

Winter und Weihnachten

Im Winter durfte ich Peter bei der Fütterung der Waldtiere helfen. Einmal wöchentlich schulterten wir unsere Rucksäcke um Salzsteine an vorbestimmten Äsplätzen der Rehe auszubringen. Der Alte zeigte sich als guter Lehrmeister. Im Wald kannte er sich aus. Er lehrte mich Himmelsrichtungen zu deuten. „Schau Dir die alten Baumstämme an. Auf der windgeschützten Seite findest Du kein Moos. Auf der anderen Seite des Stammes, der Wetterseite, finden sich Ablagerungen." Er erklärte mir, dass die verwitterte Rinde stets in Richtung Norden zeige. „Und wenn Du jetzt noch weißt, dass die Sonne im Osten auf- und im Westen untergeht, findest Du Deinen

Weg." Murmelnd, obschon hörbar, vernahm ich: „Das hat mich heimgebracht." Ich verstand zwar die Worte, jedoch nicht ihren Sinn. Zu meiner damaligen Knabenzeit konnte ich mit seiner Aussage wenig anfangen, Nachdenken bot sich nicht an. Ausgeprägter und drängender gestaltete sich mein Wissensdurst. Peter kannte jede Fährte, die sich im Schnee winterlich verewigt hatte. Spuren von Rehen und Wildschweinen erklärte er mir ebenso, wie die Fährten von Rebhühnern und Fasanen. Auch lernte ich anhand von Kotspuren Hasen von Füchsen zu unterscheiden, Rot- und Schwarzwild zu bestimmen. Bei Wildschweinen bedurfte es keiner speziellen Kenntnisse: Der zerwühlte Boden bekundete die Urheberschaft.

Außerhalb dieser im Wald abgehaltenen Schulstunden gebar der Winter im Jahr 1962 wenig, was ich von und mit dem Alten erzählen könnte. Die Tage waren kurz, die Nächte lang und der Schnee belagerte unser Haus. Für meine Mutter gestaltete sich die tägliche Fütterung von Hasen und Ziegen schwierig. Ich half so gut ich konnte, räumte den Schnee vor den Ställen, brachte Heu aus unserer über der Garage befindlichen Lagerstätte und mistete die Ställe der

Langohren aus. In der vorweihnachtlichen Zeit versuchte meine Mutter, trotz der wenigen sich bietenden Möglichkeiten, mit viel Phantasie und künstlerischem Geschick aus getrockneten Blumen, Fichtenzweigen, Lametta der Vorjahre, Nüssen, Tannenzapfen und während des Jahres in einem kleinen Kämmerchen neben dem Schlafzimmer versteckten Weihnachtsschmuck, vorchristlichen Glanz in die sonst einfache und graue Alltagswelt zu zaubern. Da ich der Jüngste war, durfte ich ihr beim Backen helfen. Buttergebäck, Lebkuchen, Spritzgebackenes, Anisplätzchen. Die Letzteren entsprachen allerdings meist nicht den ersehnten Köstlichkeiten der Bilder neben den Rezepten. Sie fielen zusammen oder wurden beim Ausbacken braun und unansehnlich. Mit vielerlei Ausstechgerät wie Sternen, Herzen und Halbmonden in verschiedenen Größen bereitete ich aus dem Teig die Einzelstücke, die meine Mutter dann sorgsam auf ein gefettetes Blech legte. Die Teigreste knetete ich zu einem Ball, der nach erneutem Ausrollen die restlichen Plätzchen lieferte. Was übrig blieb, dankte mein Gaumen. Nach dem Backen verstaute meine Mutter die Backware in alten Blechdosen und lagerte sie in der Speisekammer. Dort sollten sie bis Heilig Abend auf ihre Bestimmung warten. Sollten! Meine Mutter wusste, dass wir Kinder, insbesondere ich, uns nicht an das Gebot halten würden, vor Weihnachten keine Plätzchen aus den Dosen zu nehmen. Ich denke, die Rezepturen hatte sie so großzügig bemessen, dass der vorweihnachtliche Schwund mit eingerechnet war.

In der schneereichen Zeit wurde tagsüber der Schlitten bergauf gezogen und bäuchlings bergab gefahren bis die Füße dem Erfrieren nahe waren. Wir bildeten Schlittenketten, wobei der Vordermann - es waren natürlich auch Mädchen mit von der Partie, nur es war noch nicht die Zeit für einen Begriff wie Vorderfrau - auf dem Bauch liegend den hinter ihm stehenden Schlitten mit seinen Füßen an den runden Kufen einhakte. Auf diese Weise wurden fünf bis sechs Gefährte zu einem langen Zug verbunden. Wenn alle bereit waren, gab der Trossführer das Kommando zur Abfahrt. Jeder Mitfahrende beschleunigte mit seinen links und rechts vom Schlitten in den Schnee greifenden Händen die anfängliche Fahrt. Dem Ersten in der Kette oblag es, die Reihe geschickt zu steuern und ohne Ausfälle dem Tal näher zu führen. Oft endete die Fahrt in einer absichtlich eng gezogenen Kurve. Alle Schlitten stürzten zur Seite und begruben die Aufsitzenden unter sich und im zusammen geschobenen Schnee. Hieran schlossen sich meist wilde Schneeballschlachten an und manchmal schüchterne, aus der Situation geborene erste Mädchen-Junge-Annäherungen. Man lag im Schnee, drückte zärtlich Hände, rieb die Gesichter im Getümmel aneinander, legte unbeabsichtigt seine Hand auf Körperteile, die ohne zuvor angerichtetes Chaos nicht hätten berührt werden dürfen. Niemand sprach hierüber, niemand plante Schlittenunfälle. Unvergessene Ursprünglichkeit bar jeder Berechnung, fern jeden Argwohns. Jene winterlichen Aktivitäten spielten sich auf ausgedehnten Bergwiesen ab, die weit mehr als zwei Kilometer vom Wald bis zum Ortsrand reichten. Unterbrochen von landwirtschaftlichen Richtwegen, die das Spektakel allerdings nur unmerklich beeinträchtigten, legten wir gemeinsam Hand an und bedeckten die Fahrspur mit herbei getragenem Schnee so, dass die Fahrt fast unmerklich auch über die Wege donnern konnte. Später verwehrten von Bauern angebrachte Weidezäune ein ungehindertes von Wiese zu Wiese führendes Fahrvergnügen. Kreativ wie wir waren, auch dank der geringen Fahrzeugdichte jener winterlichen Zeit, nahmen wir steile Seitenstraßen unseres Ortes ein und bewältigten diese mit rasanter Fahrt auf Seifenkisten ähnlichen Umbauten. Hierzu wurden die Kufen älterer Schlitten unter auf Baustellen organisierten Schaltafeln mit den Ausmaßen fünfzig mal fünfzig Zentimeter geschraubt, den in Schwarz-Weiß-Bildern gesendeten Ausschnitten von Rodel- oder Bobrennen der olympischen Spiele nachempfunden.

Zu Hause fand ich im Keller Holzski mit Vorkriegsbindungen. Meine Versuche, diese Gerätschaft zu beherrschen, beschränkten sich auf wenige Einsätze. Rechtskurven endeten in Büschen und Hecken, seltener, aber schmerzlicher, an Bäumen. Alle Hilfe der Älteren, die Begriffe Tal- oder Bergski fehlten in unserem Vokabular, sollten keine Früchte zeitigen: Rechtskurven – nein. Diese Abneigung hat sich bis in die späte Zeit verstärkt und scheint der Natur des Menschen zu entsprechen. Auf Radrennbahnen, Grand-Prix-Strecken, Leichtathletikstadien wird ausnahmsweise entgegen dem Uhrzeigersinnes gefahren und gelaufen. Einzig der Formel-Eins-Kurs in Silverstone wird im Uhrzeigersinn befahren. England eben.

Besonderen Spaß bereitete es uns auch, auf der vereisten Landstraße mit Schlitten und Schlittschuhen, die an Gummistiefeln oder sonst altem Schuhwerk angeschraubt waren, beginnend von der Müllkippe ins Dorf zu rasen. Verlorene Zähne, verletzte Finger, gestauchte Handgelenke, Prellungen an den Knien und in einem Fall eine blutende Platzwunde an der Stirn zeugten von heldenhaftem Draufgängertum. Damals durften Kampfspuren öffentlich und leidend in den Schulpausen mit den dazugehörigen phantastischsten Schilderungen zur Schau gestellt werden, denn die Mitschülerinnen jener Tage zeigten noch Rollenbewusstsein prähistorischer Zeit, bedauerten und bemitleideten uns, gefolgt von mitfühlenden Streicheleinheiten. Und heute? Wer nicht seinen Kopf unter dem Arm nach Hause trägt, muss sich mit einem „Stell Dich nicht so an." konfrontiert sehen. Schöne Kindertage. Schön auch, weil meine Mutter allabendlich kleine Kerzen auf die Fensterbank in der Küche stellte, als Gedenken an die Verwandten in der

‚Sowjetzone'. Mein Vater stammte aus Thüringen. Seine Geschwister, vier Brüder. eine Schwester und seine Mutter lebten jenseits des Eisernen Vorhangs. Zur Unterstützung wurde jeden Monat ein Paket mit Kaffee, Kakao, Apfelsinen, Kleidung, Oberbekleidung und Nylonhemden nach Osten versandt, ähnlich den Care - Paketen nach dem Zweiten Weltkrieg, steuerlich absetzbar. Was von diesen Geschenken den Verwandten zukam, von Grenzern, Post- und Orts - Kontrolleuren begutachtet, erfuhren wir nach der Grenzöffnung. Wenig, manchmal nichts oder so spät, dass Lebensmittel bereits verdorben waren. Hätte dies meine Mutter auch nur geahnt, nie wäre ein Päckchen dieses Inhalts versandt worden. Denn es fiel ihr nicht leicht, die monatlichen Sendungen aus ihrem Haushaltsetat zu begleichen, ohne an uns Kindern zu sparen.

Menschlichkeit und Mitgefühl für unsere Brüder und Schwestern beherrschten die Zeit. Bis zum Heiligen Abend brannten allabendlich die Kerzen und in Gesprächen gedachten wir den Mitverwandten. Allerdings vermochte ich die von den Älteren gefühlte Betroffenheit nicht zu teilen. Ich kannte niemanden persönlich, weder Onkel noch

Tante, geschweige denn Cousin oder Cousine. Meine Gedanken hingen an der Vorweihnachtszeit und meiner Freude auf das Christkind.

Tage vor dem ersehnten Ereignis durften wir Kinder unser Wohnzimmer nicht mehr betreten. „Das Christkind ist jeden Tag in unserem Haus und beobachtet euch. Und im Wohnzimmer hat es immer etwas zu schaffen. Es bringt Schmuck für den Tannenbaum und Geschenke. Niemand darf das Christkind sehen. Sonst kommt es nie mehr zu uns." Eindringliche Worte, die Befehlscharakter hatten. Nie hätte ich auch nur gewagt, meine neugierige Nase durch den Türspalt zu stecken. Da das Gebot keine Hinweise enthielt, die das Hören, also an der Tür lauschen, verboten, versuchte ich mit dem Ohr an der Wand unter Zuhilfenahme eines Trichters aus Mutters Küchenschrank, den Sperrbezirk auszuhorchen. Mein Vater hatte an meinem Verhalten großes Vergnügen. Deshalb zelebrierte er Heilig Abend zu einem ganz besonderen Erlebnis. In der evangelischen Kirche unseres Ortes begann um 18:00 Uhr der Weihnachtsgottesdienst. Wir Kinder gingen gerne an diesem Abend in die Kirche. Auf ganz besondere Weise begann Weihnachten, auch in den darauf folgenden Jahren, in denen ich zu Hause bei den Eltern wohnte, stets mit jenem Kirchgang. Zu Beginn sang der Kirchchor, danach hielt der Pfarrer eine Ansprache und wir beteten gemeinsam. Dann begann eine kindliche Stimme: *„Es begab sich aber zu der Zeit, dass ein Gebot von dem Kaiser Augustus ausging, …"*. Und an der Stelle *'Und sie gebar ihren ersten Sohn und wickelte ihn in Windeln und legte ihn in eine Krippe; denn sie hatten sonst keinen Raum in der Herberge."*, musste ich weinen, weil das arme Kind kein richtiges Zuhause hatte. Schülerinnen und Schüler des Ortes führten die Weihnachtsgeschichte auf, in selbst angefertigten Kostümen, mit einem dunkelhäutigen Hirten aus dem Morgenland, mit echten Hasen, einer Ziege und einem Huhn in einem links neben dem Altar errichteten kleinen Gehege. Und als der Pfarrer zusammen mit den Darstellern die Worte *‚Ehre sei Gott in der Höhe und Friede auf Erden und den Menschen ein Wohlgefallen.'* sprach, sang der Kirchenchor ‚Stille Nacht'. An sich bereits ein schönes Lied. Jedoch sang in diesem Chor eine Sopranistin, deren Stimme so klar und rein die Melodie vortrug, dass in der ganzen Kirche die Tränen flossen. Mich kleinen musikalischen Buben verzauberte die zweite Variation. Der Chor sang mehrstimmig den Liedteil ‚Stille Nacht' und in die Atempause des Chores, unmerklich nach dem Verklingen des „t", antwortete die begnadete Sängerin, die im Ort den verehrenden Namen ‚die Lerche' erhielt, mit einem solistischen „Stille Nacht", eine Oktave höher und mit umgekehrter Stimmführung. Während der letzten Strophe setzten gleich einem Beifall und verstärkend die Kirchenglocken ein; ein unvergessliches Erlebnis bis zum heutigen Tag. In traurigen Weihnachtsstunden erinnere ich mich gerne jener einfachen Schönheit.

Zu Hause deckte meine Mutter derweil den Küchentisch mit einer festlichen Tischdecke aus weißem Stoff. Auf dieser hatte sie in mühevoller abendlicher Arbeit grüne Tannenzweige und rote Kerzen mit gelben Flammen gestickt. Den Rand verzierte sie mit grünen und roten Mustern, passend zu den Stickereien. Mit dem besten Geschirr des Hauses, Rosenthal – Bavaria, und ihrem silbernen Besteck, das nur zu Weihnachten benutzt wurde und Tage vor dem Festabend durch Silberputzwolle in neuem Glanz erstrahlte, hatte sie ein festliches Ambiente geschaffen. Auf großen Tellern arrangierte sie die Köstlichkeiten: Tomaten gefüllt mit Fleischkäse, kalten Braten vom Schwein und Rind mit Meerrettichcreme, Quark mit Schnittlauch und Zwiebeln, Lachsersatz, russische Eier mit falschem Kaviar, Graubrot, Pumpernickel und am Morgen erstandene Brötchen. Dieses festliche Mahl jener Zeit löste ein kargeres aus den Vorjahren ab. An Weihnachten durfte neben den hausgemachten Wurstsorten ausnahmsweise ein Ring Fleischwurst gekauft werden. Dieser wurde in heißem Wasser erwärmt und unter den Anwesenden gerecht aufgeteilt. Hierzu gab es aufgewärmte Brötchen und Senf. Wir Kinder tranken heißen Kakao, unsere Eltern ein Glas Wein.

Nach dem Essen stahl sich mein Vater unmerklich aus der Küche. Meine älteren Brüder, die nicht mehr so recht an das Christkind glaubten, lenkten mich ab. Plötzlich und unerwartet polterte es im Flur und auf der Treppe. Ich erschrak und flüchtete mit klopfendem Herzen unter das Küchensofa. Meine Brüder flüsterten: „Das Christkind ist durch den Kamin gekommen. Versteck Dich!" Mich hätte niemand unter dem Sofa hervornötigen können, wie versteinert lag ich in der hintersten Ecke unserer Küche. Dann wurde es still, niemand wagte zu sprechen. In diese Ruhe ertönte das zarte, engelsgleiche Läuten eines Glöckchens. Dann hörten wir die Stimme meines Vaters: „Das Christkind war da." Nun wagte ich mich aus meinem Versteck und drängte vorsichtig an den Händen meiner Brüder ins Wohnzimmer. Da stand er, der geschmückte und mit brennenden Kerzen versehene Weihnachtsbaum, unter ihm lagen die in buntes Papier eingepackten Geschenke. Die ganze Familie stellte sich im Halbkreis vor dem Tannenbaum auf. Wir sangen ‚Oh Tannenbaum' gefolgt von ‚Stille Nacht' und ‚Oh, Du Fröhliche'. Jeder interpretierte auf seine Weise. Meine Mutter zart und leise, mein Vater, der wie fast immer beim Singen zu hoch angefangen hatte - später sollte die Tonangabe durch mich erfolgen - mit einem lauten Tenor, meine in der Pubertät weilenden Brüder mit bewusst tiefem, Männlichkeit vorgaukelndem, Brummbass. Nachdem wir uns, an den Händen gefasst, frohe Weihnachten gewünscht hatten, durften die Geschenke ausgepackt werden. Jedem hatte unsere Großmutter ein Paar Wollsocken gestrickt, meinen älteren Brüdern einen warmen Pullover. Meinen Vater erfreute ein Hemd, meine Mutter etwas ,Brauchbares' für die Küche. Meinen Brüdern offenbarte sich nach dem Enthüllen ein Reader's Digest Jahrbuch und mir brachte das Christkind ein Päckchen LEGO - Steine. Meinen Eltern schenkte ich einen in der Schule angefertigten kleinen Bilderrahmen mit einem Bild von mir. Meine Mutter bekam zusätzlich einen Blumenstrauß aus getrockneten Herbstblumen und einen dicken Kuss. So saßen wir noch einige Zeit zusammen. Jeder vergrub sich in seinen Gedanken. Weihnachtliche Musik aus dem Radio füllte den Raum und der Duft der Kerzen vermischte sich mit den auf einem großen Teller angerichteten Plätzchen. Mein Vater trank ein Glas Wein und ließ unmerklich für die anderen seinen Tränen freien Lauf. Später erzählte er mir, dass er unter dem Christbaum sehr oft an Weihnachten in Russland und seine verlorenen Kameraden denken musste.

Frühling

Im winterlichen Ausklang und mit Beginn des
Frühjahrs stand Pflanzenkunde auf dem Stunden-
plan. Farne und Gräser wurden bestimmt. An we-
niges erinnert man sich nach einem halben Leben. Ackerschachtelhalm, Goldengüldenkraut,
Butterblume, Sauerampfer. Manches Kräutchen
zerrieb ich zwischen den Fingern, um den Geruch
zur allgegenwärtigen Bestimmung in mich aufzu-
saugen. Bäume wurden in Nadel- und Laubbäume
eingeteilt und hernach an den Nadeln, den Zap-
fen, den Blättern und Knospen mit Namen bezeichnet. Eine lehrreiche Zeit erlebte ich in
einem ungewöhnlichen Schulumfeld mit einem Alten, dem es Freude bereitete, sein Wissen wei-
terzugeben und einem Jungen, der lauschte, was
ihm erklärt wurde und der begierig jeden Tag
Neues in sich aufzunehmen bereit war. Biologie,
Naturkunde, wie es in unserer Schule genannt
wurde, wurde mein Lieblingsfach. Unsere Lehre-
rin, deren Wissen, so denke ich heute, nur den
Lehrbüchern entstammte, wunderte sich anfangs
über meine Kenntnisse. Später durfte ich die

gesammelten Blätter und meine Zeichnungen von Fährten im Unterricht vorzeigen und erklären.

Mit dem nahenden März begann eine wunderschöne Zeit. Der Alte bot mir eines Tages an, ihm ‚bei den Bienen' zu helfen. Dass er Honig verkaufte, wusste ich, nicht aber, dass er ihn selbst herstellte. Einer von uns Kindern holte diesen meist Anfang Dezember bei ihm ab. Ein goldfarbenes Gefäß, mit einem Durchmesser von fünfzehn und einer Höhe von fünfundzwanzig Zentimetern, bedeckt mit einem gleichfarbigen Deckel, der mit am Rand des Eimers befestigten Klammern vor dem Öffnen fixiert war. Eine kinderfeindliche Erfindung, die es mir unmöglich machte, von dem köstlichen Inhalt zu naschen. Zum besseren Tragen diente ein Metallbügel, der seitlich mittig in angelöteten Ösen eingehakt war, ein Patent, das allen Wasser- und Putzeimern, aus Weißblech, Aluminium oder Emaille zum besseren Transportieren diente, lange bevor der Plastikeimer das Tragen von Lasten wie Wasser, Milch, Obst, Kartoffeln, Erde, Sand und Asche erleichterte. Die metallenen Behältnisse in jener Zeit bedeuteten einen großen Fortschritt, denn die Vorgeneration auf dem Land quälte sich mit fässergleichen Holzeimern, an denen anstelle eines Metallbügels ein Hanfseil Tragehilfe bot.

„Du hast Bienen?", hörte ich mich ungläubig fragen. „Wo sind die denn?" „In meinem Gartenhaus.", brummte er. In seinem Gartenhaus? In welchem Gartenhaus? Ich wollte ihn schon fragen, ob er damit die dunkelbraune Bretterbude meinte, die unter einem Nussbaum und versteckt hinter Haselnussbüschen herauslugte. Meine kindliche Ehrlichkeit hätte mich dies normalerweise hinaus posaunen lassen. Ich unterließ es. Dann zeigte er mir seine Gartenlaube. Kaum öffnete sich die seitlich angebrachte Tür, die mit einem Holzriegel verschlossen war, bot sich mir ein aufgeräumtes Inneres. Durch die Hütte zog sich vom Eingang fort ein etwa ein Meter breiter Gang. Zu meiner Rechten sah ich eine Ablagefläche, unter der Regale und Schränke angeordnet waren. Über der Arbeitsplatte, an der inneren Seite der Hüttenrückwand hielten eingeschlagene Nägel und eingeschraubte Haken allerlei Werkzeug griffbereit. Auf der anderen Seite des Flures befand sich, höhengleich mit der hinteren, eine schmalere Arbeitsplatte unter der mehrere Schubladen und Regale eingearbeitet waren. Über dieser Einbaueinrichtung sah ich quadratische Holzplatten, die einem Gepäckaufbewahrungs-schrank auf Bahnhöfen ähnelten. Auf der linken Seite jener Holzquadrate befand sich ein Griff in Form eines konischen Holzpfropfens, wie man dies von Kommoden und Schubladen kennt. Auf der rechten Seite glänzten teils neue messingfarbene Scharnierbänder, teils übermalte dunkle Einzelscharniere. „Was ist hinter den Türen?" Dabei hatte ich bereits durchgezählt, dass insgesamt zwölf Fächer, drei Reihen zu je vier Behältnissen, vorhanden waren. "Hinter jeder Tür befindet sich ein Bienenvolk." Da mein Gesichtsausdruck Unverständnis auszudrücken schien, hielt er mir einen ersten Vortrag zur Imkerei. Er erklärte mir, dass hinter jeder Tür ein Kasten mit mehreren Wabengittern eingesetzt wäre und dass in jedem Kasten eine Bienenkönigin mit ihren Bienen lebte. Bienenkönigin und Bienen bezeichnete man als Volk. Er erzählte weiter, dass jede Biene genau wüsste zu welchem Volk sie gehörte. Sie würden auch nie zu einem anderen Volk einfliegen, denn sie würden sofort getötet werden. Er meinte aber: „Allerdings soll es vorkommen, dass fremde Bienen sich bei einem anderen Volk einbetteln, insbesondere, wenn sie keine Königin mehr haben, aber so genau weiß ich das auch nicht." „Wo fliegen die Bienen denn in den Kasten?" „Durch das Flugloch. Komm, ich zeige Dir, wo es sich befindet." Wir gingen zur Vorderseite des Bienenhauses. Dort zeigte er mir, dass an jedem Kasten an der Unterseite ein kleines Brett ähnlich einer Fensterbank angebracht war. „Auf dieser Holzleiste landen die Bienen, wenn sie von ihrem Flug zurückkehren. Und genau in der Mitte ... siehst Du den kleinen Spalt?", er deutete auf eine Öffnung, die einen Zentimeter hoch und sechs Zentimeter breit war. „Das ist das Flugloch. Hierdurch gelangen die Bienen in den Innenraum."

Meine Neugier schwoll aus mir heraus: „Können wir so ein Volk einmal ansehen?" Ich wünschte mir, das Innere in den Kästen, die Waben und die Bienen zu betrachten. Leider verneinte er dieses Begehren, erklärte aber entschuldigend: „Es ist noch zu früh, die Bienen haben sich den ganzen Winter über nur im Kasten bewegt. Wir müssen warten, bis sie von selbst ausfliegen." „Und dann können wir aufmachen?" „Auch dann müssen wir noch etwas warten. Die ersten Ausflüge dienen der Darmentleerung." Schmunzelnd fügte ich hinzu: „Die müssen auch Pipi. Und außerdem: Wenn wir jetzt die Völker öffneten und die Bienen würden sich auf unsere Kleidung setzen, würden wir voll kleiner brauner Flecke sein." „Wieso das?" „Die machen nicht nur Pipi.", dabei betonte er das ,nicht' und lachte vergnügt.

Kaum zeigte sich die wärmende Frühjahrssonne, drängte es die Bienen ins Freie. Auf Blättern und Ästen der nahe stehenden Obstbäume schienen sie an ihren Körpern Frühjahrsputz zu halten. Oder vollzogen sie gymnastische Übungen? Sie schlugen kräftig mit ihren Flügeln und zuckten mit den Beinen. Auf den Landeplätzen erkannte ich, wie Peter mir gesagt hatte, kleine hellbraune Pünktchen und war stolz den Grund hierfür zu wissen. ,Nicht nur Pipi.' Jetzt endlich war die Zeit gekommen, da ich mit ihm Stock für Stock, so nannte er die Kästen, öffnen durfte. Doch bevor wir an die Arbeit gehen konnten, zogen wir einen weißen Kopfschutz an, der uns vor Bienenstichen schützen sollte. Die schützende Haube bestand aus einem großen Hut, an dessen

Rand ein, einem dünnen Vorhang ähnelnden, Netz befestigt war, das bis über die Schultern reichte. Ein heller Arbeitskittel bedeckte das am Oberkörper anliegende Geflecht. So fanden Gesicht und Hals Schutz. Letztlich vervollständigten dünne weiße Handschuhe die Arbeitskleidung. „So früh im Jahr ist die Gefahr noch nicht sehr groß von den Bienen gestochen zu werden", erklärte er mir. „Erst wenn es richtig warm wird, im Sommer, wenn sie mit prallen Pollensäckchen beladen in ihren Stock fliegen, sind sie angriffslustiger." „Dann verteidigen sie ihre Ernte", fügte ich fachkundig hinzu. „Richtig." Nachdem die Schutzvorbereitungen abgeschlossen waren, öffnete Peter den ersten Stock und zog den Kasten mit den Waben zu sich auf die Arbeitsplatte. „Was machst Du jetzt?", ließ ich meine Neugierde heraus. „Ich nehme die Beute, so nennt man den Kasten, mit den Wabenrahmen heraus und sehe mir das Volk an. „Siehst Du die Bienen dort?" Dabei zeigte er mit einer weißen Feder, die von einer Gans stammte, auf ein paar Tiere, an deren Beinchen Pollen hafteten. „Das ist ein gutes Zeichen. Das zeigt mir, dass das Volk brütet." „Wie die Hühner?" „Ja, so ähnlich. Weißt Du, im Winter sind nur wenige Bienen im Stock. Im Frühjahr muss das Bienenvolk sich vermehren, denn nur ein großes Volk sammelt viele Pollen. Und viele Pollen bedeuten was?". Er schaute mich fragend mit großen Augen und gerunzelter Stirn an. „Viel Honig.", warf ich ein und strich mir mit der Zunge über die Lippen, als könnte ich die Süße der Ernte spüren. Dann zeigte er mir eine andere Stelle im Stock und erklärte: „Schau, das Volk auf diesen Waben bildet ein Brutnest." Dabei schob er mit seiner Feder die Bienen sanft zur Seite und murmelte: „Ich mach euch schon nichts. Ich will nur nach eurer Königin sehen." Dann flüsterte er mir zu: „Siehst Du die große Biene in der Mitte, in der großen Wabenzelle? Das ist die Königin." Danach betrachtete er die einzelnen Wabenrahmen, ließ hin und wieder ein gebrummeltes ‚Hm' vernehmen und schien mit dem Ergebnis zufrieden zu sein. Neugierig beobachtend fragte ich: „Und ist alles in Ordnung?" „Ja, das sieht gut aus." Dann folgte Stock um Stock. Stets vollzog sich das gleiche Ritual. Beute herausnehmen, Waben begutachten, murmeln, zurückschieben, verschließen. Bei einem Stock merkte ich seinem Gesichtsausdruck an, dass er mit dem Gesehenen nicht zufrieden war. „Was ist?", wollte ich wissen. „Ich kann keine Königin sehen, die ziehen ein Drohnenmütterchen groß. Wir müssen das Volk auskehren." Verstanden hatte ich nichts, erwartete aber geduldig seine Erläuterungen. „Wenn ein Volk eine Drohne, das ist eine männliche Biene, zur Königin heranzieht, hat das Volk keine Zukunft. Dann müssen alle Bienen ausgekehrt werden." Er nahm den Bienenstock, der keine Königin hatte und trug ihn aus seiner Hütte. Gleichzeitig beauftragte er mich eine an der Wand anlehnende Rauchpfeife mitzunehmen. Er deutete mit seinem Blick auf ein Gerät, das das Aussehen einer großen blechernen Flasche mit Deckel hatte. Sie erinnerte an einen Bierkrug, allerdings war im unteren Teil des Gefäßes ein Schlauch angebracht und im Deckel ein Rohr, das in einem Winkel von neunzig Grad von der Seitenwand ragte. Da ich mir sicher sein wollte, dass ich das richtige Gerät erfasste, fragte ich kurz nach: „Das hier?" und zeigte auf das von mir Geglaubte. „Ja, nimm das mit." Wir setzten uns in Bewegung zu einer an sein Haus angrenzenden, in einer Entfernung von mehr als zweihundert Meter liegenden Wiese. Peter setze den Bienenstock auf einem alten Tisch in der Nähe mehrerer Büsche ab. Er bat mich ihm die Rauchpfeife, so nannte er mein Mitbringsel, zu geben, entnahm seinem Arbeitskittel Streichhölzer, hob den Deckel an und zündete die darin befindliche Holzwolle an, die unverzüglich zu glimmen begann.

„Was machst Du jetzt?", warf ich ein. „Den Rauch blase ich in den Stock, damit sich die Bienen ‚beruhigen'. Richtig ist aber, dass die Bienen aus Angst vor Feuer, denn Rauch ist ein Zeichen für Brand, ihre Mägen mit Honig füllen und sich vorbereiten, den Stock zu verlassen." Er öffnete den Stock, nahm den Pfeifenschlauch in den Mund und blies mächtig Rauch durch das Rohr an der Pfeife über die Wabenrahmen. Nach kurzer Wartezeit fegte er mit einem kleinen Besen alle Bienen von ihren Plätzen. Diese flogen in alle Richtungen und nach kurzer Zeit war der ganze Stock leer gefegt. „Wo fliegen die jetzt hin? Die haben doch kein Zuhause mehr." „Zunächst irren sie wild umher. Dann orientieren sie sich und fliegen an den Platz, an dem ihr

Volk bisher gestanden hat. Ich hab' dir doch erklärt, dass die Bienen genau wissen, wo sie zu Hause sind. Aber sie finden kein Einflugloch zu ihrem Volk. Sie werden versuchen, sich bei einem anderen Volk einzubetteln. Sie fliegen vorsichtig zu einem anderen Stock, setzen sich auf das Brettchen vor dem Flugloch und hoffen, dass sie Einlass finden. Da sie den Magen mit Honig gefüllt haben, gelingt das meistens."

Zufrieden nach getaner Arbeit setzten wir uns gegen Abend auf eine Holzbank in der Nähe seiner Gartenlaube. Auf einen kleinen Tisch, der aus Birkenholz gezimmert war, stellte er für mich eine Flasche Limonade. Er füllte ein Glas mit Weißwein und zündete seine Tabakpfeife an. Es war eine ‚Opa-Pfeife' mit weißem Mundstück. Dieses mündete in einen geschwungenen dunkelbraunen Holzkörper, an dessen unterem Ende ein Pfeifenkopf mit silberfarbenem Deckel angebracht war. Unter dem Pfeifenkopf befand sich ein kleines Behältnis, das sich ebenfalls öffnen ließ. Hierin sammelte sich mit Speichel versetzter Tabaksaft, eine recht unansehnliche braune Flüssigkeit, die trotz ihrer Unansehnlichkeit großen Nutzen hatte. Als Junge in diesem Alter stachen mich des Öfteren Bienen. Einmal, erinnere ich mich, stach mich eine unter dem linken Auge in Höhe der Nasenspitze. Tagelang schien mir eine unsichtbare Hand Eier unter die Haut zu schieben, so dick quoll meine linke Gesichtshälfte an. Meine Mutter meinte: „Du hast süßes Blut, da stechen die Bienen gern." Peter aber nahm mir die Angst vor den schmerzhaften Schwellungen. Als ich trotz guter Schutzkleidung im Laufe des Sommers am Ohr gestochen wurde, den Tränen nah und schmerzerfüllt wie ein Rumpelstilz tanzte, packte er mich an den Armen und befahl mir: „Bleib ruhig stehen. Das haben wir gleich." Er zog den Stachel aus meinem Ohr, klappte seinen Pfeifendeckel auf, in dem sich die ‚Tabakmischung' befand, benetzte seinen Zeigefinger und rieb mir die Einstichstelle kräftig damit ein. Das half. Ich bekam keine Schwellung.

Nach einem kräftigen Schluck aus seinem Weinglas zündete er seine Pfeife an. Mit sichtbarem Genuss entließ er den weißgrauen Tabakrauch aus seinem Mund dampfen und wähnte sich mit der Welt im Einklang."

„Schau Dir die Bienen an, wie sie fliegen von Blüte zu Blüte. Schau dir den Garten an, die Farbenpracht der Blumen und die vielfach grünen Pflanzen. Hör das Zwitschern der Vögel, wie sie sich unterhalten und Futterplätze preisgeben. Schau, wie die Bussarde zur Jagd kreisen." Und mehr zu sich selbst: „Was braucht man mehr als diese stille Zufriedenheit der Natur, diesen Einklang mit dem, was uns umgibt?"

Es war ein lauer Frühlingsabend. Die Sonne wärmte wohltuend nach dem langen kalten Winter. Es lag Frieden über der kleinen bescheidenen Welt. Und Glück.

Lebenslauf

Peter wurde am 08.04.1893 in einem kleinen Ort an der Nahe als einziger Sohn eines Landwirts geboren. Nach dem Besuch der Volksschule erlernte er den Beruf eines Wagners und übte diesen zunächst in seinem Lehrbetrieb aus. 1912 wechselte er als Fassmacher zu einer Brauerei in einer benachbarten Kleinstadt. Am 01. Oktober 1914 trat er als Freiwilliger in den Militärdienst. Er diente in der 2. Kompanie des Infanterie-Regiments von Horn (3. Rheinisches) Nr. 29. In seinem Militärpass wurden vermerkt: Schlacht an der Aisne, 09.09.15 bis 26.07.16; 27.07.16 bis 24.08.16, Schlacht an der Somme; 01.09.16 bis 02.10.16, Kämpfe an der Aisne; 03.10.16 bis 20.10.16, Schlacht an der Somme, Verwundung, Front. Nach der Schlacht von Amiens im August 1918 tritt er den Heimweg an. Zu Fuß, auf Pferdewagen und Transportzügen erreicht er seinen Heimatort drei Tage nach Weihnachten.

Auch nach der Knabenzeit besuchte ich ihn regelmäßig und führte Besorgungen für ihn aus. Das Laufen fiel ihm schwer. Jahrelang konnte man einen Kalender nach ihm einrichten. Sonntags morgens besuchte er die Kirche mit anschließendem Frühschoppen im ,Goldenen Lamm'. Mittwochsnachmittags spielte er Skat mit seinen Kameraden, trank Wein und wankte am frühen Abend nach Hause, mit schwingendem Spazierstock, schelmisch in den Nacken gerücktem grünen Jägerhut und alkoholgetränkter roter Nase. Er war ein Gemütsmensch, fast immer. Nur beim Kartenspiel konnte er teuflisch wild werden.

„Du Idiot, warum spielst du nicht die Herzdame aus? Lange Farbe, kurzer Weg." Er schlug auf den Tisch, dass die Gläser schwankten und scharrte mit seinen genagelten Schuhen Spurrillen in den Holzboden. Mein Vater meinte, dass er ein Rothaariger gewesen sei, bei dem an manchen Tagen Vorsicht am Platze war. Mochte sein, aber im Verhältnis zu mir und auch in meinem Beisein spürte ich Fürsorge und Zuneigung. Obwohl, einmal habe ich erlebt, dass er meinen Bruder, den Ältesten, versuchte, zu ohrfeigen. Dieser hatte, von Beruf Pflasterer, bei der Neuanlage der Hofeinfahrt geholfen. Peter bot wohlwollend zur Brotzeit seinen selbst gekelterten Wein, aus Äpfeln und Birnen, an. Meinem Bruder entfuhr: „Wenn de nix Besseres hast, den Ratzebutz kannste selber trinke." Eine tödliche Beleidigung, oder? „Du wiechter Krabb, Dir genn' ich Ratzebutz!" Dabei holte er mit seiner Rechten aus, als wollte er einen Elefanten niederstrecken, hielt aber inne, entkrampfte seine geballte Faust, hielt stattdessen seinen Zeigefinger warnend in die Höhe und beendete den Disput. „Bass jo uff, sonst .." Zur Entspannung der Lage wurde wenig später Bier, das ihm auch nach seiner Verrentung noch als Haustrunk einmal monatlich geliefert wurde, geöffnet. Ich wiederhole es gerne, wir verstanden uns immer gut.

Vielleicht lag es an der Situation. Mein Großvater mütterlicherseits lebte nicht in unserem Ort. Er war auch keiner, bei dem man auf dem Schoß sitzen konnte, der mit auf dem Fußboden lag und Holzburgen baute. Er trug stets Anzug und Krawatte. Einmal sah ich ihn im Garten in diesem Aufzug: Beim Schneiden eines Haselnussbusches. Der Vater meines Vaters lebte nicht mehr, zudem hätte er mich nicht besuchen können, bis zu seinem Tod wohnte er hinter dem eisernen Vorhang. Und Peter? Er hatte Sohn und Enkel, nur wenige Kilometer in einem benachbarten Dorf lebend. Sein Enkel war drei Jahre älter als ich und wurde, als er seinen achtzehnten Geburtstag feierte, von seinen Mitschülern heftig auf den Arm genommen. Sein Vater hatte ihm einen Opel Manta geschenkt. Ein Mantafahrer! Wenige Tage nach dem großen Ereignis hatten ihm liebevolle Mitschüler einen Fuchsschwanz an die Antenne gehängt. Enkelbild und Großvatervorstellung passten bei ihm ebenso wenig wie bei mir Enkelwunsch und Großvaterrealität. Wir ergänzten uns, Enkel und Opa.

Als er älter und gebrechlicher wurde, brachte ich ihm des Öfteren Lebensmittel, Tabak und Wein oder ein Stück Kuchen von meiner Mutter. Ich kochte Kaffee, las ihm aus der örtlichen Zeitung vor und leistete ihm Gesellschaft. Anlässlich einer meiner letzten Begegnungen mit ihm übergab er mir ein in Ölpapier gewickeltes altes Schulheft.

„Das geb' ich Dir, jetzt, wo meine Tage gezählt sind." „Aber Peter, das bisschen Grippe haut Dich doch nicht um." „Nein, Max. Man muss wissen, wann es zu Ende ist. Mit 89 darf der Sensenmann an die Tür klopfen." Er schloss erschöpft seine Augen, atmete mehrmals tief ein und aus und sprach: „Das ist ein Tagebuch aus der Zeit, als ich Soldat in Frankreich war, im Ersten Weltkrieg. Ich war kein Chronist, also keiner, der jeden Tag festgehalten hat. Wenn ich die Zeit nicht ertrug, wenn die Tränen nicht trocknen wollten, schrieb ich auf, was ich nicht schreien konnte. Niemand hat dies je gesehen. Du junger Mensch sollst es lesen und lernen." Er schloss die Augen und schlief ein. Sein Zustand verschlechterte sich von Tag zu Tag. Drei Wochen später verstarb er.

Aus seinem Tagebuch

17.08.1916

Wir müssen nach vorne zum Schanzen. Lastwagen fahren uns durch die warme Nacht. Die grauschwarze Dunkelheit deckt uns zu, wie eine Mutter, die ihr Kind zu Bett bringt. Munitionskolonnen überholen uns. Die Luft nebelt Geschützrauch, Pulverqualm stößt auf. Granaten schlagen neben uns ein, wir schlagen mit den Stahlhelmen zusammen. Heute müssen wir nicht in die Gräben, aber wir merken auch so, dass wir an der Front sind. Angst? Ich war schon oft vorne, das Gehirn reagiert später. Wir kennen die Abschüsse. Eine 30,5 trifft hinten, die Tommies schießen sich ein, rechts von unserem Abschnitt. Unsere schießen, riesige Feuerrollen zerteilen die Nacht. „Schönes Feuerwerk.", ruft einer. Am Pi-

onierlager schultern wir Eisenstäbe und Drahtrollen, schaffen sie nach vorne. Der Horizont steht in Flammen, hellrote funkelnde Leuchtkugeln. „Deckung!", ruft einer und schon knattern die Maschinengewehre. Die Luft gefriert, Heulen, Krachen, Zischen. Dazwischen große Kaliber, dumpf und schwer. Wir rammen, schweißig, im Brustkorb Trommeln, Eisenpfähle in die Erde, rollen Stacheldraht ab. „Scheiße." Der neben mir hat sich die Hände aufgerissen. Um 04:00 Uhr sind wir fertig und wollen heim. Heim? Zu unseren Baracken. Die Lkw kommen nicht. Dann geht es los. Wir kriechen auf freiem Feld. „Arsch runter." Die kleinste Mulde ist Sicherheit. Die Erde ist gut zu uns. Mein Vater nahm im Frühling, vor der Saat, eine Hand voll und zerrieb sie in seinen Fingern. „Schau Bub, wie sie riecht, das werden große Kartoffeln." Aus der Erde quoll der Samen, kraftvoll und nährend. Seitdem ich Soldat bin, weiß ich: Die Erde ist das Wichtigste. An die pressen wir uns, wir wühlen unser Gesicht in sie, in sie schreien und beißen wir, wenn der Tod um uns brüllt.

Es wird stiller, die Geschütze machen Pause. Verwundete und Leichenteile werden gesammelt.

Jetzt hören wir die Schreie, vorne in den Gräben und grässlicher rechts. Die Kolonnen haben
Volltreffer. Ich habe noch nie Pferde schreien
hören. „Was können die Pferde für euren Krieg?"
schreie ich und denke an unsere Hannoveraner,
die gutmütigen Arbeitssamen, auf deren Rücken
ich als Kind eingeschlafen bin. Eine gequälte
Kreatur galoppiert mit heraus hängenden Därmen.
Mir ist, als hätte man mir den Bauch wegge-
schossen. „Erschießt sie doch, ihr Schweine."
Ich lege mein 98er an, ziele auf einen braunen
Haufen. Sie halten mich fest. Sie wissen, dass
ich auf dem Bauernhof groß geworden bin.

Wir können viel ertragen. Die Marterschreie
sind zu viel. Wir halten uns die Ohren zu. Endlich fallen Schüsse, Gnade. Ein letztes Tier
bäumt sich auf, steht auf seinen Vorderbeinen,
sein Rückgrat ist gebrochen. Ein Soldat legt
an, es schweigt.

20.09.1916

Heute werden wir abgelöst. Wir dürfen aus den
Gräben, in die Franzosen, Engländer und wir
nach den Regieanweisungen unserer Generäle

stürmen, als hätten die OHL strategische Richt-
linien für das Massenkrepieren unterschrieben.
Keinen Meter Landgewinn. Vorwärts Kamerad, wir
marschieren zurück. Morgen erobern wir Graben
10, übermorgen räumen die Franzmänner mit Handgranaten unter uns auf. Was mach' ich eigent-
lich hier? Vor dem Krieg hab' ich in meinem
kleinen Hunsrücker Dorf noch keinen Franzosen
zu Gesicht bekommen. Und ich bin sicher: Der
Franzose, der mir gestern den Helm aus der Hand
geschossen hat, war auch noch nicht in Deutsch-
land. Wer erfand diesen ‚Erzfeind'? Verfluchtes
Pack. Die sollten in Unterhosen und Oberkörper
frei auf einer großen Wiese mit Knüppeln aufei-
nander losgehen. Wer übrig bleibt, hat gewon-
nen.

Durch die Laufgräben gelangen wir auf Wiesen.
In der Nähe liegt der Wald, hier kennen wir uns
aus. Wir kommen nicht so weit, Gott sei Dank.
Eine riesige Feuerwolke hebt ihn an, Bäume
fliegen wie Speere. Granatfeuer. „Deckung, Deckung!" Wo? Auf einem Friedhof. Hinter Grabhü-
geln, hinter Leichensteinen. Nicht zu früh. Die
Wiesen werden umgepflügt, Maulwurfshügel für
Elefanten, der Wald wird gerodet. Jetzt werden

die Verborgenen aufgewühlt, hoch geschleudert, ihre Särge bekommen Nachmieter, uns. Neben einem Skelettkopf decke ich mich zu mit dem verfaulten Holzdeckel. Es regnet Erde. Eine leblose Hand greift nach mir. Erbarmen. Dann packt mich ein Kamerad am Arm. Er schreit etwas, ich verstehe es nicht. Dann weiß ich: GAS, GAS. Ich reiße die Kapsel heraus, schmeiße den Helm weg, ziehe die Maske über und falle zurück. Gasgranaten klingen anders, dumpfer. Zu viert liegen wir da und atmen schwach. Leben und Tod? Ist sie dicht? Ich drücke auf die Patrone. Die Giftschwaden schleichen in jede Vertiefung. Wir wollen raus aus dem Loch, oben ist weniger Gas. Der nächste Feuerstoß wirft uns zurück. Alles tobt: Die Geschosse, die Erde. Mein Kopf platzt. Die Adern an den Schläfen schwellen an, ich glaube zu ersticken. Verbrauchter Atem. Vorsichtig luge ich aus unserem Loch. Vor mir liegt ein Arm, mit Ring am Zeigefinger. Zehn Meter vor mir steht ein Rekrut ohne Maske. Er wird seine Lunge stückweise kotzen, denke ich. Ich warte. Er bricht nicht zusammen. Noch ein paar Sekunden. Warten. Ich drehe mich zu den anderen um und reiße schwer atmend meine Maske herunter. Der Friedhof liegt in Trümmern. Die Leichen wurden zum zweiten Mal getötet. Ein junger Soldat liegt vor uns. Bauchschuss. Jetzt merkt er noch nichts. In einer Stunde wird er schreien, weil es unerträglich ist. Einer zieht seinen Revolver. „Ich sollte ihn erschießen."

15.10.1917

Heute haben wir den Tod getroffen. Er hetzte uns durch den Graben. Wir geben nicht auf, wir Wahnsinnigen. Wir werfen den Angreifern Handgranaten vor die Füße und türmen. Fleischfetzen surren wie Stechmücken um uns herum. Die vorderen Gräben können nicht gehalten werden. Mittags brennt die Sonne, der Schweiß beißt in den Augen. Mit blutigen Armen wischen wir ihn aus dem Gesicht. Ich will nicht mehr. In den nächsten Graben, Gegenstoß. Unsere Geschütze zerfetzen den Angriff. Luft holen. Raus aus dem Graben, vorbrechen. Neben mir sitzt einer ohne Kopf, Fontänen gleich spritzt sein Blut. Weiter über Menschenteile, wir sind keine Lebenden mehr. Mörder, Teufel. Jetzt würden wir auch unsere Eltern erschlagen, blutlüstern. Bevor ein Spitzbart seine Pistole ziehen kann, spalte ich ihm den Schädel, mit dem Spaten. Hier vorne nützen Bajonette nichts, sie bleiben zwischen den Rippen stecken. Es dauert zu lange bis man sie herausgezogen hat. Spaten sind vielseitiger einsetzbar, schlagen und stoßen.

Es wird still. Sie laufen über mir. Ihre Mäuler füllen züngelnde Klopse. Langsame Worte dringen aus Untiefen gurgelnd zu mir. Ein schwarzes Tuch schiebt die grelle Sonne beiseite und verdunkelt den Horizont. Nacht. Die Mitte teilt sich. Eine wunderschöne Frau tritt vor den Vorhang. Sie trägt lange blonde Haare. Ein schneeweißes Kleid bedeckt eine Schulter. Die Haut strahlt. Sie spricht zu mir, unhörbar. Ihre rechte Hand zeigt auf mich. Sie dreht die Handfläche nach oben und zieht mich, eine Marionette, mit stets beugendem und streckendem Zeigefinger zu sich. Ich schwebe durch sie hindurch. Licht. Ich sehe meinen Vater. Er trägt mich und singt ein Kinderlied. In den lieblichen Gesang stürzt mein schreiender Klassenlehrer: „Du Bankert! Streck die Hand aus!" Er schlägt ohne Unterlass mit einem menschengroßen Holzlineal auf meine verstümmelten Finger. Ein breiter Eichenblattfluss überblendet die Geschehnisse. Lene und ich liegen am Ufer im hohen Gras. Wir küs-

sen uns. Plötzlich springt sie auf und stürzt weinend ins Wasser. Die Stille tobt, Wellen überschlagen sich, die Oberfläche färbt sich blutrot. Wo sie verloren ging, schießt sie, thronend auf einer schwarzen Lokomotive, dessen Front eine weit geöffnete Drachenfratze ziert, empor. An den blutverschmierten Zähnen halten sich meine Kameraden fest. Sie rufen: „Warum? Warum?" Schallend lacht sie und winkt mit dem Siegerkranz in der Hand. Der Zug fährt über mich hinweg und versinkt in einem plötzlich aufreißenden breiten Schützengraben. Könige, Adler, meine Schule, schwarz-weiß-rot, meine Lehrer am Katheder, werden vom Sog in die Tiefe gerissen. Nichts. Stille. Grelles Licht. Dunkel. Dunkel.

Peter hatte sich bei den Kämpfen an der Somme eine schwere Verwundung eingefangen, einen Bauchschuss. Oberhalb des linken Hüftknochens drang das feindliche Geschoss ein. Lange hing sein Leben an einem wollenen Faden, die seidenen waren den Offizieren vorbehalten. Seine Natur aber überwand die Tiefen von Schmerz und Eiter. Im Frühjahr 1918 durfte er zu weiteren Heldentaten aufbrechen. Seine Kompanie wurde nach Amiens nördlich von Paris verlegt. Die Oberste Heeresleitung verkündete Anfang Oktober den Waffenstillstand, weil die Lage hoffnungslos schien. Die feindlichen Truppen eroberten Stellung um Stellung.

Die Welt beruhigte sich. Die Vögel merkten als erste die Veränderung. Sie zwitscherten ihr Wissen allen zu, schwangen triumphierend empor und weckten Hase, Maus und Igel. Selbst die Pferde galoppierten mit Stolz erhobenen Mähnen an den Soldaten vorbei. „Seht", wieherten sie. „Seht, ihr Teufel, denen das Blut ausgegangen ist. Seht, wie grün die Wiesen geworden sind. Und wie die Sonne lacht. Auch Euch, ihr Verlorenen." Einen Tag nach dem Ende der Treiberei verkündete Kompaniechef Oberst Storch dem kläglichen Rest seiner Kompanie: „ Kameraden, wir haben eine große Schlacht geschlagen. Euch sei Dank im Namen des Kaisers und des Vaterlandes. Das Schicksal hat uns besiegt. Geht nach Hause. Geht zu euren Familien. Sie werden euch brauchen im Vaterland." Nach einer kurzen Atempause gab er seinem Adjutanten den Befehl, die Entlassungspapiere vorzubereiten. Der Name des Oberst Stromp (den Namen habe ich geändert) dokumentierte mir anlässlich der Entrümpelung meines Elternhauses nach dem Umzug meiner Mutter in ein Altersheim 40 Jahre später neue Nahrung für die Großvater – Enkel – Verbundenheit zu Peter. Bei den ‚Papieren‘, die in einer kleinen Stahlkassette eingeschlossen waren, befand sich der Militärpass meines Großvaters, des Vizefeldwebels Heinrich Schmidt. Er diente im 1. Ersatz Bataillon Infanterie Regiment von Horn. Er trat am 1. Oktober 1914 als Freiwilliger in den Krieg ein. An den Gefechten an Aisne und Somme hatte er teilgenommen. Am 8. September 1916 wurde ihm im Namen Seiner Majestät des Kaisers und Königs durch den Kommandeur der 16. Division, Oberst und Regimentskommandeur **Stromp** das EISERNE KREUZ II. Klasse verliehen.

Als ich dreizehn Jahre alt war, erzählte er mir über seinen Heimweg am Ende des Krieges. Wenige Kilometer bewältigte er zusammen mit Kameraden auf einem Lastkraftwagen. Als dieser wegen eines Motorschadens liegen blieb, ging er zu Fuß weiter. Da ihm von anderen Heimkehrwilligen berichtet wurde, dass einige Franzosen den Verlierern nachstellten, diese verprügeln und ihnen ihre letzte Habe nehmen würden, entschloss er sich, nur bei Dunkelheit zu marschieren und tagsüber zu schlafen. Um unerkannt zu bleiben, suchte er den schützenden Wald als Versteck auf. Um möglichst zügig in die Heimat zurückzukehren, versuchte er seinen Weg in Richtung Osten zu planen. Er wollte sich an den in der kleinen Landkarte, die er noch besaß, eingezeichneten Wasserläufen und Städten orientieren. Oise und Aisne hatte er in seinen Kriegsjahren zur Genüge überquert. Diese Flüsse dienten als erste Orientierungen. „In Richtung Trier muss ich kommen, über die Meuse zur Mosel. " Aber ohne Kompass? „Meine Taschenuhr wird mir den Weg zeigen." Trotz Verwundung und Kriegswirren war ihm die von seinem Großvater stammende silberfarbene Uhr erhalten geblieben. Sie hatte jeden Angriff überstanden und zeigte zuverlässig Stunde und Minuten an. In der Mittagszeit legte er seine Uhr auf den Boden und richtete sie so aus, dass der Stundenzeiger in Richtung Sonne zeigte. Dies markierte er auf dem Grund. Nun zeichnete er eine Linie an der 12-Uhr-Markierung seiner Uhr. Beide Geraden bildeten einen Winkel. „Nun muss ich die Mitte zwischen den Markierungen einzeichnen und ich weiß, wo Süden liegt." Hatte er bedacht, dass seine Uhr auch die richtige Zeit anzeigen musste? Ginge seine Uhr nur um eine Stunde vor, zeigte sie ‚drei', wäre es aber tatsächlich ‚zwei', berechnete er den Süden mit einer Abweichung von 30°! Ob er es wusste? Ohne nachzudenken verließ er sich nicht alleine auf diese Methode. Er bestimmte die Himmelsrichtung, wie er es mir als kleinem Jungen auf seiner Wiese hinter dem Haus gezeigt hatte. Am Morgen schlug er einen langen Stock in die Erde und markierte das Ende des Schattens, das die Sonne über den Stab warf, mit einem Stein. Die Entfernung zwischen Stock und Stein zog er als Radius um die eingeschlagene Mitte. In Zeitabständen von jeweils zwei Stunden und um die Mittagszeit markierte er die auf den Boden geworfene Länge des Stockschattens. Da die Abbildung im Laufe des Tages zunächst kürzer und wieder länger wurde, konnte er mit der Feststellung des kürzesten Abstandes zwischen Schattenmarkierung und Kreismitte die Himmelsrichtung bestimmen. Die Markierung mit dem kürzesten Schatten zeigte nach Norden. Nachts diente ihm der Polarstern als Richtungsgeber, denn die Verlängerung der beiden übereinander stehenden Sterne am Ende des großen Wagens zeigte auf den Polaris und in Richtung Norden. Nach den angestellten Berechnungen machte er sich auf den Weg. Neben den mitgenommenen Essensvorräten aus Kommis-beständen, die bald aufgebraucht waren, ernährte er sich von Fisch, den er in den Bächen und Flüssen auf seinem Weg fing und über einem kleinen Feuer briet und Wasser, das er in seinem Kochgeschirr wärmte. Die herbstliche Kühle durchdrang ihn, wärmere Schlafplätze in der Nähe von Siedlungen, in Heuschobern, Holzlagern und Feldscheunen schützten ihn notdürftig. Jäh wurde er eines Morgens geweckt. „Qu'est-ce que tu fais là?", rief ihm ein Bauer mit angelegtem Gewehr zu. „Aller vers Allemagne", entgegnete Peter, stand auf und legte seine Hände hinter seinem Kopf zusammen. Mit dieser Geste beschwichtigte er sein Gegenüber, der erkannte, dass keine Gefahr auszugehen schien und senkte seine Schusswaffe. „Aussi a arms Schwein, des ma schlachte g'wollt hätt, wie?" merkte er in gebrochenem Deutsch an. Da Peter nicht sogleich antwortete, fügte er hinzu: „Du hascht es besser als mon garcon, der ischt g'falle bei Verdun." Mit Tränen in den Augen setzte er sich zu Peter, legte seine Hand auf dessen Arm. „Mon fils hat blonde Haar wie Du un war so alt wie du. Il était en guter Bub. Wo kommscht her?" „Aus dem Hunsrück, mein Vater ist Landwirt und ich bin Stellmacher." „Paysan, wie mir. Was is Stell – e ?" „Ich mach Weinfässer und Wagenräder. Vor dem Krieg arbeitete ich in einer Brauerei, bierre, du verstehst". „Ah, qui. Tu as faim? Hasch Hunger? Viens, komm mit." Peter war froh, dass diese erste Begegnung mit dem ehemaligen Feind glücklich ausgegangen war. Er blieb zwei Wochen auf dem Bauernhof von Frédéric und seiner Frau, half auf dem Hof, spaltete Holz für den Winter. Seine Fertigkeiten im Umgang mit Pferden bewegten den trauernden Vater zu distanter Nähe. Die Arbeit auf dem Feld unterstützt eben keine Nationenkonflikte, die Erde vereint die Menschen in dem Bemühen, Leben zu erhalten und nicht zu begraben.

Da war sie wieder ,die Erde. Der Soldat frisst sie aus Angst, der Landwirt hegt sie aus Liebe. Der Soldat in seiner Verrohung missbraucht den Spaten als Mordinstrument, der Gärtner lockert

Boden für neues Leben. Während der befreienden Arbeiten in der Landwirtschaft und in den sternentiefen Nächten, die er noch immer auf Strohballen in klarer überdachter Luft verbrachte, sann er im Rückblick auf seine ihm wohl gesonnenen Engel über seine Zukunft nach. „Bescheiden und zurückgezogen will ich leben, dankbar werde ich mein Schicksal annehmen, das mich schonte." Und er gelobte: „Wenn ich nach Hause komme, will ich nur ein Dach über dem Kopf, ein Bett zum Schlafen, keinen Hunger und Frieden."

So mancher spricht Gebete in seiner Not und vergisst schnell, wenn die Zeit besser wird. Er vergaß nicht.

Nach dem Krieg

Nach seiner Rückkehr aus Frankreich, im Herbst 1919, half er seinem Vater auf dem Hof. Im Winter erkrankte dieser an Tuberkulose und starb in den ersten Tagen des Juni 1920. Lene, die vier lange Jahre auf ihren Peter gewartet und bei der Jungfrau Maria geschworen hatte, nie einen anderen Mann eines Blickes zu würdigen, wich nach der glücklichen Heimkehr ihres Verlobten nicht mehr von seiner Seite. Obwohl die Sittenregeln des jungen 20. Jahrhunderts das Zusammensein der Geschlechter in wilder Ehe strengstens untersagten, lebten beide in Peters Elternhaus und freuten sich ihres Glückes. Zu Weihnachten 1920 schlossen sie in einer bescheiden friedlichen Feier den Bund fürs Leben. Ihm wurde im Frühjahr 1921 seine alte Stelle in der Brauerei angeboten. Nach drei Jahren Fron auf den Äckern an den Abenden und Bewältigung der täglichen Aufgaben an seiner Arbeitsstätte verkaufte er den elterlichen Hof und errichtete auf einem, in einem Nachbarort gelegenen Grundstück, das Lenes Eltern ihr zur Hochzeit überschrieben hatten, ein kleines Wohnhaus. Im August 1925 zogen er, Lene und seine Mutter ein. Im September 1926 gebar Lene seinen einzigen Sohn Karl. Er sollte später den Beruf eines Kaufmanns erlernen.

Wenige Monate vor dem, einen weiteren großen Krieg ankündigenden, Läuten Welt umgreifender Schicksalsglocken, im Frühjahr 1939, zwangen ihn seine Kriegsverletzungen in einen frühen Ruhestand. „Ich dachte, die Menschen hätten aus der Qual unserer Zeit gelernt. Die Machtbesessenen suchen sich aber erneut Spielplätze, auf denen sie die Ohnmächtigen, die Arbeiter, die Bauern, uns opfern können. Es wird sie immer geben, die Folterknechte, die Generation um Generation, solange der Mensch existiert, abschlachten lassen."

Während der dunklen Zeit trug er wieder eine Uniform, eine grüne, als Zeichen seiner Verbundenheit zu Wald und Jagd. Auf Fragen der braunen Ortherrscher, er könne doch als Kriegsveteran Ämter in Partei und Ort übernehmen, da die neue Zeit vaterländisch Gesinnte zum Aufbau brauchte, entschuldigte er sich mit den ihn, von den Kriegsverwundungen herrührenden, belastenden gesundheitlichen Beeinträchtigungen. Sie hinderten ihn, erklärte er, den in ihn gesetzten Erwartungen zu entsprechen. Zum Beweis blieb er oft Tage im Bett, schrie nachts unverständliche Wortfetzen, was die Nachbarschaft in größte Sorge versetzte und seiner Familie fürsorgliche Zuneigung zuteil werden ließ. Nach derartigen Anfällen lagen Peter und Lene leise verschmitzt lachend im Schlafzimmer. „Man muss nur für ein wenig verrückt gelten, und schon traut sich die braune Brut nicht mehr. Morgen gehst Du zum Bäcker, machst ein trauriges Gesicht und berichtest über meine teuflischen Bauch- und Kopfschmerzen. Das Kreuz ist auch gut. Und: Alles vom Krieg. Dann lassen sie uns in Ruhe."

Im Sommer 1945 heilten die Wunden. Die Luft wurde wieder sauber und die Sonne kräftigte. Im Herbst 1948, einem heißen Jahr mit schlechter Ernte, starb Lene an einer Lungenentzündung, weil die zur Rettung erforderlichen Medikamente in der französischen Besatzungszone nicht verfügbar waren.

In jener Zeit erinnerte er sich an seine Gedanken, die er in den klaren Nächten bei den französischen Bauern hegte. Er erinnerte sich seiner Gebete, bescheiden und zufrieden leben zu wollen, im Einklang mit sich und der ihn umschließenden kleinen Welt. Er zog sich zurück. Was er zum Leben benötigte, erstand er in den örtlichen Läden, in Metzgerei, beim Bäcker und im Kolonialwarenladen. Sein Garten bot Kartoffeln, Gemüse und Obst, sein Wald spendete Pilze, Beeren, Hasen und Fasanen, die Wiesen Futter, seine Ziegen Milch und die Bienen Honig.

Ihm genügte seine zufriedene Welt. Was sich außerhalb seines Horizontes ereignete, interessierte ihn nicht mehr. Die Tageszeitung diente ihm ausschließlich für Örtliches: Geburt, Jubiläum, Tod. Nur einmal im Jahr durchbrach er seine Isolation, da es im Ort weder Kleidung noch Haushaltsgeräte zu erwerben gab. Jeweils im Herbst reiste er mit dem Bus in eine benachbarte Kleinstadt und kaufte dort Arbeitshosen, Hemden und Schuhe, manchmal einen Topf oder Geschirr für die Küche. Auch als sein Sohn nach langer Abwesenheit im Nachbardorf selbst ein Haus erbaute, beließ er es bei jenem einmaligen jährlichen Ausgang, obwohl er von der Familie seines Nachkommen nahezu gedrängt wurde, seinen Ort zu verlassen und sein Alleinsein gegen familiäre Annehmlichkeiten zu tauschen. Er verzichtete. Ein mit sich und seiner Welt Zufriedener, ein Bescheidener wuchs heran, einer, der seinen Tag in Freiheit bestimmte, zeitlos.

Bambi

An einem heißen Sonntag im Sommer 1965 läutete unsere Haustürglocke. Durch unser Küchenfenster, durch welches ich die Einfahrt zu unserem Haus einsehen konnte, sah ich Peter vor dem Gartentor stehen. Schnell rannte ich zur Tür, öffnete und hüpfte die Treppe hinunter. Auf der Straße stand ein Pferdefuhrwerk. „Komm mit, ich zeige dir etwas im Wald." Peter verriet nichts Genaueres. Es vergnügte ihn wohl, mein vor Neugierde strahlendes Gesicht platzen zu sehen. Gemeinsam bestiegen wir das geparkte Gespann. „Das ist doch die Lotte vom Bauern Lanz? Und was willst du mit dem Anhänger?" Lotte war ein Arbeitspferd, eine süddeutsche Kaltblutstute, fuchsfarben mit weißem Schweif. Ein gutmütiges Tier, auf deren Rücken ich schon oft sitzen durfte. Friedrichs Herbert –

(Die Namensnennung mag für Hunsrück Unkundige seltsam klingen, aber so war es nun einmal. Jeder im Dorf sagte zu den Anderen ‚Du'. Nur Honoratioren sprach man mit ‚Herr' an, Bürgermeister, Pfarrer, Arzt und, heute würde ich leider sagen, auch Lehrer. Selbst dem Postboten gebührte Achtung, allerdings eingeschränkt. Sprach man über die Machtinhaber, so klang es etwa wie ,der Herr Bürgermeister', oder ,der Herr Doktor'. Dem Postboten entzog man, zur Verdeutlichung seiner geringeren Stellung das ,Herr'. Ihm musste ,der Postbote' genügen. Von allen anderen, also jenen, denen der ,Herr' nicht zustand, deren Stand die Orts - Hierarchie nicht anführte, wer also nicht standesgemäß im Sinne der Obrigkeit galt, dem sollte eine Beschreibung ausreichen. Müllers Christel, wobei allerdings das Genitiv ,s' nur unbewusst im allgemeinen Sprachgebrauch Einfluss fand, oft war von ,dem Christel' die Rede. Müllers Christel sollte meinen: Die Tochter des Bauern Müller mit Namen Christel. Sprach man also im unteren Stand von einem oder einer Dritten bediente man sich einer Umschreibung der Herkunft. So auch bei ,Freidrichs Herbert': Der Herbert vom Friedrich oder der Sohn des Mannes namens Freidrich) - bestellte in jedem Jahr sein Feld hinter unserem Haus. Lotte zog den Pflug, um die Erde für die Aussaat vorzubereiten. Wenn ich ihn bei der Arbeit sah, war ich gerne in seiner Nähe, denn das wunderschöne Tier mit seinem zarten Fell faszinierte mich. Manchmal durfte ich auf ihrem Rücken reiten. Ich streichelte sie gerne und sie dankte es mit leisem Schnauben. Auch bei gröberen Arbeiten verrichtete das geduldige Tier hilfreiche Dienste. Im Herbst, wenn Bäume geschlagen wurden - damals fällte man noch mit der Axt - zog sie die astlosen Stämme auf den Richtweg und später, wenn die Holzernte auf dem Wagen gesammelt war, den zukünftigen Wintervorrat ins Dorf.

Meine Neugier sprang aus mir heraus, denn wir fuhren in einen nahen Wald. „Jetzt sag doch, was du mir zeigen willst. „Wart's ab, gleich. Und sei still." Er hielt das Fuhrwerk am Rande einer Lichtung an, arretierte die Bremse und stieg ab. Er trug eine braune Arbeitshose und einen grünen Jagdrock. Ich sprang neben ihn. Dann sah ich, dass er ein Fernglas mitgebracht hatte. Als hätte er geahnt, dass mir nach erneutem Fragen war, legte er, sich nach mir umdrehend, den Zeigefinger auf seine Lippen. Dieses Zeichen kannte ich: Ruhe! Er hielt meinen Arm und zog mich, während er sich auf den Wiesenboden kniete, mit nach unten. Dann schaute er durch sein Fernglas, als ob er sich einer bekannten Situation vergewissern wollte. Dann hielt er mir das Glas an die Augen. Ungeübt im Umgang mit einem Feldstecher bohrten meine verlängerten Augen Löcher in dicke Baumstämme, in Wolken und Himmel. Peter half mir. Er drehte meinen Kopf in Richtung des zu Erkennenden. Dann rieb ich mir die Augen, schaute erneut hin, Täuschung ausschließend, und erkannte im hohen Gras, hinter einem Wald von Pflanzenstängeln, ein hellbraunes Fell hervorlugen. „Was ist das?" flüsterte ich. Ebenso leise kam die Antwort. „Ein junges Rehkitz. Es liegt schon zwei Tage hier." „Woher weißt Du das?" „Weil ich das Junge seit vorgestern beobachte, abwechselnd mit Willi." Herr Kuhn wohnte auch in unserer Straße und war Peters Freund. Beide arbeiteten gemeinsam in ihrem Forstbezirk. „Wir hatten gehofft, dass die Rehmutter sich um ihr Junges kümmert. Aber wir haben sie noch nicht gesehen. Wenn sie heute nicht kommt, müssen wir etwas unternehmen." „Sollen wir mal dorthin gehen?" „Nein, noch nicht. Wenn die Mutter zurückkommt und unsere Witterung aufnimmt, gibt sie ihr Kind auf." Wie das klang, Mutter und Kind, fürsorglich, personifiziert.

Schwer atmend lag sie am Straßenrand, mit gebrochenen Vorderbeinen und zerquetschtem Brustkorb. Mit großen Augen schaute eine rotbraune Ricke starr ins Nichts. Getroffen von einem, der mit unangepasster Geschwindigkeit in der späten Nacht durch jenes vernebelte Waldstück fuhr, trotz des deutlichen Hinweises „Achtung Wildwechsel". Hat er beim Anblick des vor ihm auftauchenden Umrisses beschleunigt, um sein eigenes Risiko zu minimieren oder gar seinem Jagdinstinkt zu frönen? War er abgelenkt? Vielleicht auch betäubt durch Alkohol? Welchen trügerischen Grund er auch hatte: ER HÄTTE ANHALTEN MÜSSEN. Kindlichem Gemüt treibt die Vorstellung, dass eine Verletzte am Waldrand sorgenvoll an ihren Nachwuchs denkt, Feuchtigkeit über die Wangen. Denkt sie, die Rehmutter? In Zeichentrickfilmen vollzieht sich anlässlich einer solchen Handlung, entgegen wissenschaftlicher Erkenntnis, eine Familientragödie. Mutter verletzt, irgendwo. Kind allein, ohne Schutz, wilden Räubern ausgeliefert. Gut, dass der Hunsrücker Wald außer Füchsen keine natürlichen Feinde beheimatete.

Am frühen Morgen, zur Zeit der Milchmänner, die allmorgendlich die von den Landwirten bereit gestellten Kannen aufluden, entdeckte ein Fahrer eines Versorgungsfahrzeugs das am Straßenrand liegende Rotwild. Mit blinkender Warnanlage sicherte er sein Fahrzeug und hielt einen heranfahrenden Wagen an. Er bat den zur Frühschicht in die nahe gelegene Kleinstadt fahrenden Insassen, an der nächsten Telefonzentrale die Polizei zu alarmieren, derweil er sich um das Tier kümmern wollte.

„Gleich am Ortseingang is ä Tankstell. Dort is de Pitt, den kenn' ich. Der macht das schunn." Der Finder, in seiner Freizeit oft mit Fotoapparat auf der Pirsch, beugte sich zu dem Reh, sprach beruhigend ein und streichelte das zitternde Fell. „Ganz ruhig bleiwe, ich mach' der nix. Host bestimmt Schmerze, bald is es vorbei." Bis zum Eintreffen der Polizei dauerte es nicht enden wollende, qualvolle 25 Minuten. Ein junger Polizeibeamter betrachtete sich das verletzte Tier und meinte: „Da ist nichts mehr zu machen. Oder was meinst du, Karl?" Sein Kollege, ein älterer Diener des Gesetzes, der in seiner Amtszeit schon manchen Wildunfall aufgenommen hatte, erwiderte: „Das ist schunn schlimm do mit dem Viehzeich. Do rase se wie die Wilde un fahr'n alles iwwer de Haufe." Er hatte trotz seiner erworbenen Alltagsroutine sichtlich unmännliche Gefühlsregungen, die ihn zu einer Atempause zwangen. „Losse mer das Tier net so leide, geb em de Gnadeschuss." „Unn die Patron?" „DU mit deiner Patron. Schreibst de ein Bericht. Ich unnerschreib das. Unn vergess net, wenn ma zurick komme, de Förschter anserufe." Eine Walther PP erlöste zerstörte, schwach atmende Kreatur.

Wir lagen beobachtend am Wiesenrain. Es tat sich nichts. Das Rehkitz glich einer Versteinerung, sein Instinkt gebot Stille. In Ruhe traf Peter seine Entscheidung: „Es hat keinen Sinn länger zu warten. Wir müssen es holen." Ungläubig sah ich ihn an. „Wie willst Du das machen? Das läuft doch bestimmt weg, wenn wir näher kommen." Dann erklärte er mir seinen Plan, in welchem ich die Hauptrolle spielen sollte. An mir sollte es sein, durch das Gras zu kriechen und mich langsam dem zwischen den Wiesenbüscheln Liegenden zu nähern. Ich sollte ihm ruhig zureden. Irgendetwas Belangloses konnte es sein, meinte er. Wichtig war ihm, dass ich langsam spräche und meine Stimme nicht erhebe. Jetzt merkte ich, wie klug Peter war. Eine kleine Feldflasche hatte er halb mit Milch und halb mit Wasser gefüllt. Diese gab er mir mit dem Hinweis, mir mit der Flüssigkeit die Hand zu benetzen und dem kleinen Reh anzubieten. Vielleicht könnte ich es auch streicheln, meinte er. Er wollte hinzukommen, wenn er durch sein Fernglas den richtigen Zeitpunkt sehen würde. „Das kann einige Zeit dauern. Hab Geduld. Du musst das Vertrauen des Tieres gewinnen."

Ich hatte eine Entfernung von über fünfzig Metern zu überwinden. Auf allen Vieren kroch ich langsam und auf Lärmvermeidung bedacht dem rotbraunen Schimmer entgegen. Nach wenigen Metern hob ich zur Orientierung den Kopf. Als nur zehn Meter vor mir lagen, schlug ich mein linkes Knie an einem am Wiesengrund liegenden spitzen Stein an. Ich hätte schreien können, aber meine Mission duldete keine Weichheit. Ein Indianer kennt keinen Schmerz, dachte ich. Nach wenigen weiteren Metern erreichte ich mein Ziel. Einhundert Zentimeter vor mir starrten große braune Augen zu mir, Angst und Unsicherheit ausdrückend. Sogleich begann ich, wie Peter mir befohlen hatte, meine fürsorgliche Ansprache. „Na Du Kleines, bist ganz allein hier in der Wiese und wartest auf Deine Mutter. Wer weiß, wo die jetzt ist? Aber hab' keine Angst, ich tu dir nix. Ich will dir helfen. Jetzt gebe ich dir etwas zu essen. Du wirst sehen, dann geht's dir gut." Diese und viele andere gut gemeinte wohlklingende Worte, die beruhigend wirken sollten, sprach ich. Mit ausgestreckter Hand wäre es mir möglich gewesen, seine Vorderläufe zu berühren. Nur schwer unterdrückte ich meinen Wunsch. Peters mahnende Worte hielten mich zurück. Nun drehte ich mich so auf den Rücken, dass mein Haarschopf auf der Höhe seines Kopfes lag. Währenddessen sprach ich weiter und schob mich rücklings über den Wiesenboden. Meine Hände beließ ich bewegungslos an den Körperseiten. Es schaute mit seinen glänzenden Augäpfeln kurz zu mir, als wollte es eine mögliche Fluchtrichtung ausloten. ‚Hoffentlich springt es jetzt nicht auf.', dachte ich und spielte den toten Mann.

Nach langen zermürbenden Minuten begannen seine Augen, durch zugekniffene Lider erkannte ich dies, häufiger in meine Richtung zu blicken. Ein wunderbares Zeichen. Seine Nasenflügel schnupperten, es roch an mir. Peter hätte von ‚Witterung aufnehmen' gesprochen. Ich genoss diese erste erfolgreiche Annäherung. Wie sollte es nun aber weiter gehen, wir wollten das Tier doch mitnehmen? Sollte ich mich auf das Tier stürzen und festhalten? Sollte ich warten, aber worauf? Peter konnte mir jetzt auch nicht helfen. ‚Wie mag es ihm als stillem Beobachter ergehen? Er sieht alles durch sein Fernglas. Ist er mit mir zufrieden?' Sicher, denn es lief ja alles nach Plan. Meine mitgebrachte Feldflasche trat auf den Plan. Ohne merkliche Bewegung öffnete ich sie auf meiner dem Kitz abgewandten Körperseite. Mit nur einer Hand bedurfte es erneuter Geduld, denn mein Ziel war es, meine Hand, wie der Alte mir vorgegeben hatte, mit dem Inhalt zu übergießen und sie dem Reh zu nähern. Nun schob ich die angefeuchtete Hand, ich lag noch immer auf dem Rücken, vorsichtig, schneckengleich, über meinen Oberkörper. Vorbei an Kinn und Hals, entlang meiner Wange zum Ohr

zu, um sie dem vor mir liegenden Tierkind anzubieten. Sichtlich aufgeschreckt vernahm ich
kurzatmiges Zittern. Bewegungslose Starrheit.
Wie eine Schlange windend schlich meine Hand
zurück. Nächste Schritte boten sich nicht. Was
sollte ich tun? Die Situation beruhigte sich.
‚Dem Kitz nahe kommen, Vertrauen gewinnen.
Wie?' Erneut zur Feldflasche. ‚In die gewölbte
Handfläche Milchwasser tropfen und über das Ge-
sicht.' Drei Anläufe benötigte ich, mich von
Stirn bis Hals mit Feuchtigkeit zu tränken.
Neuerliche Annäherung. Mein Körper schürfte
über den Wiesenboden bis wir Kopf an Kopf la-
gen. Keine Fluchtvorbereitung. Schnuppern,
Rundblick. Entscheidende Sekunden. Atemlos.
‚Der Kopf dreht sich.' Fünfzehn Zentimeter Ab-
stand. Mein Herz schlug an den Gaumen. ‚Haben
Rehe Zähne?', durchfuhr es mich. Sein bisher im
Nacken verharrender Kopf schob sich vor, nick-
te. Zehn Zentimeter. Nase und Mund witterten.
‚Jetzt beißt es.' Fünf Zentimeter. Ich schloss
die Augen. Pulsschlag im Einklang. Berührung.
Nase an Wange. Zwei Kinder spielend im Gras.
Kälteschauer, eine Zunge leckte mein Gesicht.
War es die Mischung aus Wasser, Milch und

Schweiß? War es Hunger, Instinkt? Wunder bedürfen keiner Erklärung.

Nach lieblich klingender Ansprache und Streicheleinheiten auf den Arm und trug es zu unserem Gefährt. Peter staunte Himmelslöcher. ‚Was sollte er auch sagen‘, dachte ich triumphierend. ‚Vertrauen sollte ich aufbauen. Auftrag erledigt. Gut.‘ Er grinste, diesmal nicht wie so oft schelmisch, sondern mit grunzender Bewunderung. Das Kleine hatte sich von mir anfassen und hochheben lassen, obwohl Letzteres selbst Hunden zappeliges Unwohlsein bescherte, bis sie bodenständig werden. Möglicherweise erklärte sich das Anlehnen ja Anschmiegen des Jungen an meine Schulter mit einem in meinem späteren Leben zu Trage tretenden Phänomen. Schreiende Kleinkinder schliefen ein, wenn ich sie an mich drückte, wiegte und Fünftonreihen summte; meine Körpertemperatur, ein Grad über Soll, spendete Nestwärme.

Selbstverständlich dienerte Peter bei meinem Aufstieg auf den Pferdewagen, den er in umsichtiger Bedachtheit an der Stirnseite mit reichlich Stroh gedämmt hatte. Die Hände am Körper des Braunen, rutschte ich mit meinem Hinterteil, schabend am Holz der Wagenvorderwand, dem gepolsterten Boden zu. Keinesfalls durfte der Körperkontakt unterbrochen werden. In angenehmer Sitzposition, auf weichem Untergrund lagernd, in überschäumender Freude darüber, dass ich es war, der solches vollbracht hatte, zog Lotte zärtlich den Wagen anzog, als wüsste sie um die kostbare Fracht.

An Peters Haus angekommen, bewunderte ich dessen vorausschauende Planung. Hinter seinem Bienenhaus hatte er aus alten und neuen Schalbrettern und Kanthölzern einen provisorischen, ausreichend geräumigen Unterstand errichtet. Den Boden bedeckte, matratzenhoch, frisches duftendes Heu.

Die Beherbergungsnachricht verbreitete sich trotz Internet- und E-Mail-Losigkeit innerhalb weniger Stunden im ganzen Dorf. Bambi, der Knut jener Zeit, zierte aber weder Titelblätter überregionaler Zeitungen noch campierten internationale Fernsehteams vor seinem Domizil. Bambi ‚machte' auch keine Schlagzeile im Lokalteil. Die Kinder des Dorfes huldigten ihm, wohlgesittet an Ordnung haltenden Großvaterhänden. Peter reagierte muffig beim Anblick der

Zuschauerkulisse. „Hoffentlich geht das Getrampel bald vorbei."

Wichtigere Fragen stellten sich: Wie können wir das Kitz füttern? Welche Nahrung sollen wir geben? Und wie verabreichen? Alten Büchern über Wildtiere entnahmen wir, dass Rehe Wildwiederkäuer und reine Pflanzenfresser seien und aufgrund ihres komplizierten Verdauungs-traktes eine vielseitig zusammengesetzte Äsung, die leicht verdaulich, protein- und energiereich sein soll, benötigten. Bambi war ein Kleinkind, das sicher an der Mutterbrust gesaugt haben würde. Durch Befragen befreundeter Wald- und Wildkenner sollte Kuhmilch zugunsten Schafs- oder Ziegenmilch ausgeschlossen werden. Da im Ort nur Ziegen als Milchproduzentinnen gehalten wurden, Schafe hingegen nur in Nachbardörfern blökten, entschieden wir uns für die meckernden Weißen. Meine Mutter steuerte ihre aus der Jungmädchenzeit herrührenden Erfahrungen, sie diente während des Arbeitsdienstes mehrere Monate auf einem Bauernhof, bei und meinte zu wissen, dass je Liter Milch zwei Esslöffel Zuckerrübensirup der Ziegenmilch die Stränge nähmen und diese so besser vertragen würde. Zudem merkte sie an, dass durch die Mischung eine energiehaltige Nahrung entstünde. Man könne auch daran denken, wenn nicht sogleich aber doch in ein paar Tagen, zur weiteren Stärkung Schmelzflocken unterzumischen. Derart unterrichtet blieb letztlich die Frage: Wie können wir den Energietrank dem Kleinen zuführen? Unsere Versuche, Bambi das Ziegenzuckerrübengetränk in für Stallhasen gefertigten tönernen Fressnäpfen darzureichen, misslangen. Es kam, roch, aber schleckte nicht. Meinen Einwurf „Wir brauchen eine Flasche mit Schnuller." quittierte Peter mit seufzendem Schnauben. Vielleicht lag ihm ‚Quatsch' auf der Zunge, er getraute sich aber nicht, es auszusprechen. Ich ließ nicht locker und überzeugte ihn mit dem Hinweis, dass Kleinkinder doch auch mit der Flasche großgezogen würden. Nun zeigte er nickendes wohlwollendes Einverständnis. „Gut. So machen wir das. Aber woher nehmen und nicht stehlen?" Dann fiel ihm ein, dass nur ein paar Häuser in Richtung Dorf, vor nicht allzu langer Zeit ein Junge geboren wurde. Das Ziel vor Augen, marschierten wir los. Das Läuten an der Tür verklang gerade, da öffnete sich das Fenster und ein ältliches Krächzen schleuderte uns zu: „Was wollt' ihr dann?" Nachdem wir unseren Wunsch nach einer Babyflasche geäußert hatten, rief sie, lauernd auf dem Fensterbrett, uns zu: „Was wollt' ihr, mei Tasch'?" Das dunkle Innere klärte mit freundlicher Frauenstimme auf. „Nä Oma, die wolle a Schoppeflasch." „Was braucht der alte Simbel a Schoppeflasch. Der soll sein Wein aus em Glas trinke." Peter zugewandt eiferte sie weiter: „Oder duscht du schunn sabbere?" Junges und altes Lachen mischten sich. „Du alte Hex, Du.", rief Peter vorgetäuscht zornig der einstigen Besenbinderin zu, um mir mit zwinkerndem Augenaufschlag zuzuflüstern: „Die hat nicht mehr alle Tassen im Schrank, die Reisig - Hertha." Sie, der man nachsagte eine ‚Gosch', zu Deutsch ein Mundwerk, wie ein Schwert zu haben, durfte anlässlich ihres neunzigsten Geburtstags selig machende Pfarrersworte vernehmen. Außerdem lauschte sie der Ansprache des für irdische Belange zuständigen Bürgermeisters. Dieser hatte seine wohl gesetzten Worte einem Standardwerk mit dem Titel „Amtliche Texte für besondere Anlässe - Untertitel: Geburt, Hochzeit, Geburtstag, Tod" entnommen.

An öffentlichen Geschenken übergab man ihr einen großen bunten Blumenstrauß und einen Karton mit gesüßtem Wein der Region. Hertha bedankte sich auf ihre Art: „Den Wein trink ich, und ihr könnt die Blume esse.‟

Die Mutter Enkelin hatte sich inzwischen der Haustür genährt. „Ich habe gehört, dass ihr ein kleines Reh gefunden habt. Ist das wahr?‟, rief sie uns zu. Ohne eine Antwort abzuwarten ergänzte sie: „Unn Peter, wie geht's Euch denn?‟ Eine ungewöhnliche Anrede an eine einzelne Person, aber umgangssprachlich auch heute noch üblich, vermeidet man hierdurch das allzu persönliche ‚Du', das zwischen dem Alten und der jungen Frau unhöflich gewesen wäre. Im ländlichen Raum, in welchem die förmliche Anrede ‚Sie' im täglichen Umgang unangebracht schien,   - nur Amtspersonen wie Pfarrern, Ärzten, Bürgermeistern und Lehrern gegenüber glaubte man, wie bereits erwähnt, respektvoller begegnen zu sollen, man wusste ja auch nie, wann Hilfe oder Unterstützung von derlei Amtspersonen erbeten werden müsste -, beschritt man gerne den Mittelweg, Schwierigkeiten vermeidend. Erstaunen könnte man auch über folgenden Zusammenhang:

Die Anredeformen wuchsen im Gleichschritt mit Alter, Größe und gesellschaftlicher Anerkennung, durch die Zugehörigkeit zu Ballsport- und Gesangsvereinen verfestigt, vom ‚Sie' über ‚Euch' hin zum ‚Du'. Sprach man mit dreizehn Jahren den Vierzigjährigen mit ‚Herr' an, änderte die Heranwachsendenzeit, manchmal auch Beziehung testend (‚Darf ich schon näher treten? Werde ich anerkannt?) zum ‚Euch' mit eingestreutem ‚Sie - Konsum'. Mit der Fahrtauglichkeit gehörte ein junger Mann dazu. Und wenn das Elternhaus als anständig eingestuft galt, folgte das persönliche mit Wir-Gefühl gespickte ‚Du'. Das Wörtchen ‚anständig' in jener Zeit bedeutete eine ausgeglichene Haushaltskasse, Arbeiten von morgens bis abends, saubere Hemden, geputzte Schuhe, Vereinszugehörigkeit, am besten in allen am Ort ansässigen, ortsüblicher Haarschnitt, demütige Anpassung an Sitten und Gebräuche, sonntäglicher Gottesdienst, unser Dorf soll schöner werden - Teilnehmer, kurz geschorene Vorgartenrasen, Blumenblühen nach Jahreszeit, Blaumann, Kittelschürze. Faulenzer, Arbeitslose wurden geächtet und als Taugenichtse, Tagträumer verhöhnt, Schiefsohlenträger asozialisiert, Studierte gemieden. Schülerzüchtiger waren ausgenommen.

Unabhängig von ländlicher Regelungsdogmatik durften Hinzugezogene sich derartiger Gewohnheiten nicht anschließen. Sie blieben außen vor und mussten zu allen ‚Sie' sagen. Die intime Zuneigung durften nur – vielleicht – nachfolgende Generationen erhoffen. Die Zugereisten, Reingeschmeckten, Eingeflickten, so die Bezeichnung für die Nicht - Ureingeborenen verharrten in Demut, wartend auf spätere Wonnen.

„Ja, das ist richtig. Und deshalb brauchen wir eine Flasche mit Schnuller, um das Kleine aufzupäppeln." „Als ich euch gehört habe", diese Anrede galt uns beiden, „habe ich in meinem Kämmerchen", eine Speisekammer, nur für jene, die anderes vermuten, „zwei alte Flaschen heraus gekramt. Zwei Schnuller sind auch dabei." Dieses ‚dabei' würde übersetzt wohl lauten: dazu gehörend. Peter und ich waren froh, denn nun konnten wir uns unserer wichtigen Aufgabe widmen. Ohne Zögern, natürlich nicht ohne Worte des Dankes zurückschauend aussprechend, strebten wir Peters Garten zu. Unser Kleines lag im Heu, zusammen gekauert, schüchtern dreinblickend. Am Vortag hatte er bei einem benachbarten Bauern die Ziegenmilch, angereichert mit Spott, ob er denn krank sei oder keinen Wein mehr vertrüge, abgeholt. Eine neue Mischung aus Milch und Sirup war schnell angerührt. Mit flinken Händen und sicherem Auge befüllte er die Trinkflasche. Ein mütterlicher Test vergewisserte Schnuller-durchlässigkeit. Hätte er sie auch an die Wange halten sollen? Die vorgehaltene Flasche wurde beschnuppert. Keine Reaktion. Auch das Näseln mit der Schnullerkappe blieb erfolglos. Mit nach Hilfe suchendem Blick reichte er mir das Fläschchen. „Probier Du mal. Vielleicht hast Du mehr Glück." Vorsichtig setzte ich mich neben Bambi ins Heu, gut zuredend wie auf der Waldwiese. Meine unbeholfene, nicht nachdenkende Kindlichkeit hob den Oberkiefer des Rehs so weit an, dass die Schnullerspitze zwischen die Lippen geschoben werden konnte. Durch Druck auf die elastische Kappe spritze flüssige Nahrung an seinen Gaumen. Die Lippen schoben sich vor und unser Kleines schmatzte und saugte instinktiv am gummierten (elastischen) Mutterersatz.

Dreimal täglich verabreichten wir, Peter morgens und ich mittags und am abends, die Milchnahrung für eine Dauer von vierzehn Tagen. Froh waren wir, dass es gelang, unserem Bambi die so wichtige Nahrung zuführen zu können. Wäre dies nicht geglückt, hätte es nicht überlebt. Nur in den ersten Tagen, als es zwar trank aber keinerlei Anstalten machte aufzustehen, ängstigten wir uns. Am vierten Tag fühlte sich Bambi stark genug auf den eigenen Beinchen Gehversuche zu unternehmen, tapsig schwankend, betreut und gestützt durch mich. Der Alte ließ mir den Vortritt, er bemerkte meine Freude, meine Hingabe. Schnell entwickelte das Kleine Standfestigkeit, seitliche Unterstützungshilfe erntete spielerische Bockigkeit.

Wie Kinder liefen wir hintereinander her und vor einander weg, versteckten uns hinter Obstbäumen, um sogleich wieder hervorzupreschen. Bambi scheute wie ein Pferd vor einem Hindernis, stemmte seine Vorderläufe mal nach links mal nach rechts pendelnd, wackelte mit seinem Kopf und drehte ab in die entgegengesetzte Richtung, um sogleich von neuem auf mich zuzulaufen. Herrliche Spielkameraden waren wir. Der

Stärkere sollte, Kopf an Kopf reibend, Stirne voraus, gesucht werden. Es gab ihn nicht, unentschieden. Und wie selbstverständlich trollten wir, nach Luft heischend, müde und abgerannt nach ermüdender Raserei, zu seinem Schlafgemach. Hätte es keine Nächte gegeben - und keine Eltern, die ihr Kind zum Heimschlafen anhielten, - aus Heu würde meine Schlafstätte bestanden haben, an verschwitztem weichem Fell.

Einen Sommer lang währte das Glück. Bambi lernte schnell, suchte schmackhafte Wiesenkräuter, nahm Löwenzahn aus meiner Hand. Erste Hornansätze schwellten unter seiner Kopfhaut und deuteten auf Halbwüchsigkeit. Ich wollte nicht wahrhaben, was kommen musste. Peter hatte es mir schon frühzeitig offenbart. Eine schöne Zeit sollte zu Ende gehen, eine Zeit der Harmonie zwischen Mensch und Tier, zwischen Individuum und Instinkt, zwischen Freund und Freund. Traurigkeit bewohnte mich. Peter hatte mir frühzeitig vermittelt, dass Bambi nicht alleine auf der Gartenwiese bleiben konnte. Es sollte, wenn auch nicht in freier Natur, so doch in einem Wildgehege im Hunsrück zu seinen Artgenossen entlassen werden. Es sollte nicht an des

Menschen Seite seiner Seele beraubt werden. Es könnte auch, meinte Peter, je größer und stärker es würde, für uns, für mich, zu einer Gefahr werden.

An meinem letzten Ferienwochenende war es soweit. Ein letztes Mal berührten wir uns. Ich streichelte es, es drückte seinen Kopf in meine Seite und schob mich vor sich her. Wir wussten um unseren Abschied. Hatte Bambi Gefühle wie ich? Ich weiß es nicht. Mir liefen die Tränen aus den Augen. Peter tröstete mich, als Willi mit seinem Anhänger abfuhr. Aber auch er, der alte Schroffkopf, der Muffige, der oft Verschmitzte verbarg seine wässrige Unpässlichkeit durch Schweigen. Still saßen wir auf seiner Gartenbank und unterstützten uns in unserer zurückgezogenen Stille, andächtig, aber wissend, dass wir Recht getan hatten.

Heißer Sommer – Stürmischer Herbst

Im März 1968 hielt Europa den Atem an. Wir fünfzehn Jahre alten Schüler erlebten mit großer Teilnahme politische Veränderungen in unserem Nachbarland Tschechoslowakei. *Wir* interessierten uns damals für Politik, Demokratie und Sozialismus. Hinter dem Eisernen Vorhang, vor den Augen der Sowjetunion, pflanzte eine neue Generation unter Alexander Dubcek Meinungs- und Informationsfreiheit und beschloss Wirtschaftsreformen. Ein Sozialismus mit menschlichem Antlitz sollte erschaffen werden. Franz Kafkas Werke, Pflichtlektüre in Mittel- und Oberstufe bundesdeutscher Gymnasien, man denke an ‚Der Prozess‘ oder ‚Die Verwandlung‘, wurden um jene Zeit rehabilitiert. Er stand auf dem Index nur weil man ihm, seinen Werken entnommen, unterstellt hatte geäußert, zu haben, dass der Arbeiter auch im Sozialismus von seiner Arbeit entfremdet wäre. Prag erstrahlte in friedvollem Glanz. Meinem Bruder, zweiundzwanzig Jahr alt, war es an Ostern vergönnt mit einer Gruppe der Volkshochschule eine Bildungsreise in die goldene Stadt zu unternehmen. Nach seiner Rückkehr sog ich als kleiner Bruder Erkenntnisse und Eindrücke aus seinem Inneren. Bereitwillig erzählte er mir von der Heiterkeit der aufbrechenden jungen Menschen. Überall tanzte und sang man, diskutierte in Kneipen, Cafés, Bildungsstätten. Alle nahmen teil an der Veränderung und zeigten sich erfreut, nicht nur zu denken, sondern es auch zu sagen, was auf der Seele brannte. Sie wollten mitgestalten und ihr Land in eine bessere Zukunft führen. Eine Schallplatte von Hana Hegerova hatte er mitgebracht. Er hatte sie anlässlich eines Konzertes in einem Kabarett in Prag gekauft. Eines ihrer Lieder nahm ich in mein Programm auf. Die erste Strophe lautete: ‚Das letzte Hemd hat keine Taschen, der letzte Weg kennt kein Zurück. Ich suche nur solang ich lebe, etwas Liebe, etwas Glück'. Faszinierend, vielleicht auch wegen des lieblichen Klanges ihres deutsch-tschechischen Akzents und der tiefen Gefühle, die ihre Art zu singen bei mir erzeugte. Ihr Lied ist heute noch erinnerlich und steht zeitlos im Raum.

Peter bekam von all dem nur am Rande etwas mit. In seiner zurückgezogenen Welt mit Garten und Bienen, mit Waldarbeit, Pfeife und eigenem Wein interessierten ihn keine politischen Verhältnisse in weit entfernten europäischen Ländern. „Mir genügt ein Dach über dem Kopf, Essen und Trinken." warf er bei Kurzgesprächen ein. Mein Interesse verringerte sich in den Tagen nach Pfingsten, weil niemand der demokratischen Entwicklung misstraute. Nur mein Vater äußerte anlässlich eines Abendessens: „Das lässt sich der Russe nicht gefallen, Der marschiert dort ein." Er meinte, dass die Sowjetunion niemals die Abwendung vom reinen Kommunismus einer ihrer Vasallen zulassen würde. Mit einem Hinweis auf den 17.06.1953, den niedergeschlagenen Aufstand in Berlin und das Ende einer Erneuerung im Jahr 1954 in Ungarn warb er um Zustimmung.

Ich hatte auch andere Interessen. Musik, Fußball, Mädchen. Die Rangfolge änderte sich je nach persönlichen Bedürfnissen. Mädchen und Musik passten ebenso wie Fußball und begeisterte Zuschauerinnen. Alles ergänzte sich, vielfältige Gestaltungsmöglichkeiten boten sich. Kerstin bewunderte mich auf dem Platz, Margit hörte mir mit feuchten Augen zu, wenn ich ‚We shall overcome' sang. Eine allerdings stand zwischen den Fronten, eine, die ich beim gemeinsamen Religionsunterricht zwei Bankreihen vor mir mit Sehnsucht ansehen durfte. Schüchtern, ja fast ehrfürchtig lud ich, als mein Herz in beiden Händen pulste, sie für den folgenden Sonntag zu einem Spaziergang zu einer Burgruine ein. Diese thronte ritterlich auf einer Anhöhe in der Nähe unseres Dorfes. Ebenso zurückhaltend nahm sie meine Einladung an. Da sie sich nicht alleine traute, schlug sie vor, mit zwei Freundinnen zu unserem Treffen zu erscheinen. „Ja, warum nicht?", bestätigte ich ihren Wunsch. Gerne wäre ich mit ihr alleine gewesen, jedoch erzeugte der Gedanke, mit ihr alleine im Wald zu sein, errötendes Unbehagen. Was hätte alles passieren können? Meine Mutter deutete in Vorahnung frühlingshafter Gefühle ausweichend Tage zuvor an, welche Gefahren im Umgang mit Mädchen lauerten. Vater nutzte markantere Warnungen: „Bei den Pferden bleibt man hinten, bei den Frauen vorne weg, dann kann einem nichts passieren." Wie wahr. Zwischen Vierbeinern und mir achtete ich stets auf reichlich Sicherheitsabstand.

An einem Sonntagnachmittag im Mai zog ich ein weißes Hemd aus Nylon an. Mich schaudert heute bei dem Gedanken ein, solches auf meiner Haut zu tragen, aber damals war es modern. Meine Mutter fragte mich, was ich denn vorhätte. Sie fand es ungewöhnlich, dass ich mich derart zurecht machte und zeigte sich verwundert. „Was modelst du dich denn so?" Ausweichend erzählte ich, dass ich mit ein paar Freunden einen Spaziergang hinauf nach Schloss Dhaun unternehmen wollte. „Komm nicht zu spät nach Hause.", gebot sie mir in dem Wissen, dass nicht nur Jungen am sonntäglichen Ausflug teilnehmen würden.

Am vereinbarten Treffpunkt vor dem Sägewerk, an der Wegkreuzung zwischen Herrenstraße und dem Fußweg ins Kellenbachtal traf ich sie mit ihren Freundinnen. Auch sie hatte sich für unser erstes Rendez-vous anziehend gekleidet. Sie trug einen blauen Trägerrock und eine weiße Bluse. Beides lag sehr eng am Körper an, und, obwohl ich erst fünfzehn Jahre war, gefielen mir die Konturen ihrer werdenden Fraulichkeit. ‚Oh wie schön sie ist.', dachte ich, da ich nicht wagte es auszusprechen. Stattdessen schaute ich sie strahlend an. „Schön, dass du gekommen bist." „Wir hatten das doch ausgemacht." Die erste Wegstrecke legten wir auf dem breiten Weg entlang des Kellenbaches nebeneinander zurück und lästerten über den Pfarrer und die Lehrer unserer Klasse. Ihre Freundin Margit ereiferte sich ganz besonders über den Sportlehrer, der sie beim Turnen gerne an den falschen Stellen unterstützte, wenn sie am Barren oder am Reck ihre Übungen ausführte. Sie nannte ihn Grabscher. Wir, sie und ich, schauten uns des Öfteren verlegen in die Augen, ein Hinweis darauf, dass uns beiden anderer Gesprächsstoff angebrachter schien. Am Ende des geteerten Weges bogen wir auf einen kleinen Fußweg, der uns Serpentinen gleich unserem Ziel zuführte. Beim Eintritt in den schmalen Aufstieg achtete ich darauf, dass ihre beiden Freundinnen vor uns zu gehen kamen. So hoffte ich, ihr näher sein zu können. Nebeneinander gehend, berührten sich unsere Arme kaum spürbar, gewünscht zufällig. Nach Herzklopfenmetern und bangem Anschauen näherten sich unsere Hände an der Kleinfingerseite. Unser Atem stockte, Bruchteile von Sekunden nur, und Luftblasen stiegen aus uns empor. Langsam, zögerlich, tastete Finger an Finger. Dann fassten sich Hände und verwoben ineinander. Welche Kapriolen ein junger Körper treiben kann? Als würde sich das Blut nur im Unterbauch sammeln um sogleich mit orkanartiger Wucht zurück geschossen zu werden. Haut bricht auf und Poren saugen stillende Frischluft.

Diese Einmaligkeit einer unschuldigen, innigen Liebe, ohne Wissen, ohne Denken, ohne Berechnung, sehnt sich nicht jeder ein Leben danach? Verschmelzung aus Urkraft, einfach, unabhängig, schwebend. Gleichpochende Körper, Seelen verwandt, losgelöst von der Zeit, wirkend in einem eigenen Raum. Wer wollte nicht streichelnde Nähe labend empfangen? Gerne greife ich in meine Zeitbox, entnehme jenes temperierte Miteinander, genieße einen Augenblick im Geiste, lege zurück, weil verrinnend. Einen Sommer lang wagten wir Annäherung und freuten uns aneinander. Was blieb? Ihr Name. Meine erstgeborene Tochter trägt ihn. Ewig.

Aus den abgeernteten Weizenfeldern dampfte die Erde in der brütenden Hitze. Flimmernde Staubfasern zeichneten verschwommene Schleier über den Boden. Teer löste sich auf den Straßen, warf Blasen und legte sich zähflüssig an unsere Sohlen. Ein heißer Sommer glühte mehrere Wochen und noch meldeten die Wetterkundler keine Linderung. Den weidenden Rindern spendeten die trockenen Wiesen keine Feuchtigkeit. Alle im Dorf halfen, den Tieren Wasser zu bringen. Peter und ich kümmerten uns um die Waldbewohner. Wir gruben Wasserlöscher, wo zuvor Quellwasser plätscherte, hoben kleine Gräben aus, um Wasserläufe, sofern sie noch Kühle spendeten, umzuleiten. In alten Kanistern schleppten wir, Willi, Peter und ich Wasser zu neu errichteten Tränken.

Eines Nachmittags half ich meiner Mutter im Garten. Wir vernahmen ein Rauschen, das von einem kleinen Flüsschen, das an unser Grundstück grenzte, herüber schallte. Der Apfelbach, so hieß dieser Fluss, hatte in normalen Zeiten eine Breite von einem Meter. Während der andauernden Dürre schlängelte ein Rinnsal durch den ausgetrockneten Flusslauf, belagert von Vögeln, Libellen und Fliegen. Den ungewohnten Klang aus Richtung das Baches musste ich aufklären. Ich übersprang den Gartenzaun und lief durch eine Obstwiese zum Rain. Das hatte ich noch nicht gesehen: Anstelle des mild fließenden Bächleins stürzte ein reißender Strom in prallgefülltem Flussbett zu Tal. Weiter oben im Wald musste ein kräftiges Gewitter niedergegangen sein, derweil bei uns noch immer die Sonne brennend strahlte. ‚Wie mag es im Dorf aussehen?‘ Der Bach durchquerte unseren Ort in einem offenen Graben, ausgenommen in der Ortsmitte. Hier hatten die Ortschaftsräte große Kanalrohre unterirdisch verlegen lassen. Da bereits Feuerwehrsirenen zu hören waren, lief ich den Flusslauf entlang Richtung Dorf. Alles, was sich in den letzten Wochen an den Rändern des Baches angesammelt hatte, weggeworfene Blechdosen und Fahrradreifen, man mochte meinen, ein Meer hätte seinen Unrat ausgeworfen, Wassereimer, Blumentöpfe, Torfsäcke, Düngerde, Pflanzeisen, zerrupfte Strohballen und Heubüschel, buntes Kinderspielzeug, Traktor mit Hänger, Kuchenformen, Plastikrechen, Schaufel, alles zürnte zornig ins Dorf und riss mit, was sich in den Weg stellte. Biegungen wurden ausgehöhlt, Erdklumpen zu Schlamm gewaschen. Mitten im Ort riss die Flut ein abgestelltes Wagenrad aus Holzspeichen und Eisenring mit und zerschlug krachend ein Scheunentor. Der Schrecken währte nur wenige Minuten. Die Wut des Elements entlud sich, zerstörte, nahm sich befriedigt zurück, Stärke gezeigt zu haben. Gleich einem Riesen, dem ein Opfer dargebracht wurde und der daraufhin sich zur Ruhe legte. Mein Vater, der in diesem Durcheinander, fronterfahren, die Rettungsarbeiten leitete, meinte: „Gegen Feuer kann man etwas machen, gegen Wasser nicht." Keller standen unter Wasser, Schlammgärten zierten Häuser, Blumen wurden entwurzelt, Gartenzäune, Hecken und Büsche hingen voller Unrat. Sogar in höher gelegene Baumkronen sprengte die Gischt Unterwäsche und Drahtgeflecht. Ein schauerliches Bild der Zerstörung bot sich, Entsetzen stand den Geschädigten ins Gesicht. Es gab aber auch Gewinner. Die Feuerwehr übernahm das Kommando, endlich Echteinsatz, langweilig geübte Kommandostrukturen testend. Unglück gebiert Helden. Die Dorfgemeinschaft, zusammengetrieben von lauten Befehlen der Herrschenden, säuberte Straßen und Vorgärten, räumte Abfall auf den ortseigenen Kasten-Bulli. Pumpen entleerten Kellerräume. Wirte, Bäcker und Metzger legten Sonderschichten ein. Verköstigung gratis. Gegen Abend erlöste mild plätschernder Landregen Natur und Mensch.

Nach der Natur sollten die Menschen, zumindest die mit politisch offenen Augen, ihren Sturm erleben. In der goldenen Stadt sorgten die Ewiggestrigen für Unruhe. Die Staaten des Warschauer Pakts, angeführt von der Sowjetunion und unterstützt von Bulgarien, Rumänien und der DDR sahen ihre Arbeiter- und Bauernstaaten bedroht. Zu weit trieben es ihnen die Reformer. Wirtschaftsreformen und Informationsfreiheit duldeten sie argwöhnisch, aber Demokratisierung und Freiheit des Individuums? Nein. Spätere Quellenstudien wollen belegt haben, dass Breschnew seine Vasallen bittend mäßigen und keine militärische Intervention durchführen wollte. Die Hetzer des Kalten Krieges bewirkten russische Alleinschuld. Bereits Anfang August mahnten westliche Kommentatoren zur Mäßigung. Einfach, wenn man hat, was andere erstreben, oder? Politiker erwarteten je nach Farbe sofort, später oder auch gar nicht eine Gewaltdemonstration. Wellenbewegungen. Es geht gut. Die Reform scheitert. Blütenblätter - Roulett. Am 21. August 1968 sollte die Ungeduld platzen. Mich, der ich den Erzählungen meines Bruders zu Ostern lauschte, als Prag zur goldenen Ära aufbrach, trafen die Nachrichten besonders. Früh morgens las ich als Erster die Zeitung, als könnte ich durch meine Anteilnahme verhindern, was Geschichte werden sollte. Am Tag des Prager Endes, presste ich mein Ohr an unseren Radioapparat. Mit meinem Tonband, das fröhlicheren Anlässen wegen erstanden wurde, nahm ich eine historische Reportage des einzig noch sendenden Kanals auf. Später las ich, dass ein zu einem Fußballspiel abkommandierter Übertragungswagen *frei* schaffend arbeitete. In weinerlichem Gesang schilderte der Reporter vor Ort, simultan übersetzt von einem deutschen Kollegen, der sich seiner ebenso gefühlsbetonten Teilnahme nicht schämte, die Geschehnisse. „Russische Panzer fahren über den Wenzels - Platz, zerquetschen barrikadierende Fahrzeuge, sogar vor winkenden Menschen halten sie nicht an." Leitungskrachen und Wortfetzen leiteten das Ende der Übertragung ein. Die Marschierer hatten gesiegt. Oft hörte ich mir das Aufgenommene noch an.

Danach ging zu Peter. Wohin hätte ich sonst gehen sollen? Bei seiner Arbeit an einem Bienenstock half ich ihm. Arbeit lenkte ab. Abends nahm er in seiner guten Stube auf seinem Chaiselongue Platz. Ich holte ihm aus dem Keller einen Krug Wein und mir eine Limonade und setzte mich neben ihn. Er schaltete das Fernsehen ein, um die HEUTE-Nachrichten zu sehen. Beide lauschten wir den Meldungen der Niederschlagung des Prager Frühlings. Währenddessen zündete er sich sein Pfeife an, zog daran und blies eine weißgraue Wolke genüsslich aus.

Den angrenzenden Wald überzog ein rot glühendes, in seiner Schönheit kaum zu überbietendes Abendrot und bedeckte den weiten Horizont. Peter schaute aus dem Fenster. Ruhig, bedächtig, unbeteiligt und in sich ruhend wandte er sich zu mir:

„Schau Dir den Sonnenuntergang an. Wenn die Welt untergeht, kommst du zu mir, wir setzen uns ans Fenster und schauen zu.“